게더타운과 이프랜드에서
메타버스 세상탐험!

게더타운과 이프랜드에서
메타버스 세상탐험!

초판 1쇄 인쇄 2022년 06월 20일
초판 1쇄 발행 2022년 06월 30일

지 은 이 엄은영
펴 낸 이 한준희
펴 낸 곳 (주)아이콕스

기획 / 편집 아이콕스 기획팀
디 자 인 아이콕스 디자인팀
영 업 지 원 손옥희, 김효선
영   업 김남권, 조용훈, 문성빈

Education by Sympathy

주   소 [14556] 경기도 부천시 조마루로 385번길 122 삼보테크노타워 2002호
등   록 2015년 7월 9일 제386-251002015000034호
홈 페 이 시 http://www.icoxpublish.com
이 메 일 icoxpub@naver.com
전   화 032-674-5685
팩   스 032-676-5685
I S B N 979-11-6426-215-1 (13000)

게더타운과 이프랜드에서 메타버스 세상탐험!

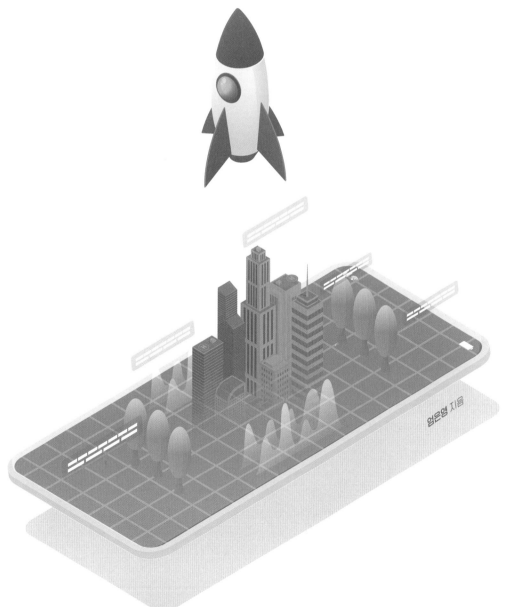

엄은영 지음

Education by Sympathy

저자 **엄은영**

홍익대학교 문화예술경영학 석사 졸업
현)동양미래대학교 컴퓨터정보공학과 겸임교수
경민대학교, 서정대학교, 한국폴리텍대학교 등 외래교수

- 웹디자인, UI/UX 디자인 등 강의
- 왕초보 유튜버 되기(스토리비전), ACA 일러스트레이터CC(성안당) 등 출판
- 컬러리스트기사, 멀티미디어콘텐츠 제작전문가 등 다수 자격증 보유

게더타운과 이프랜드에서 놀자!!

4차 산업시대에 사는 현시대 사람들은 급속하게 변화하고 발전하는 정보통신기술에 적응하며 살아가고 있습니다. 이에 따라 우리는 컴퓨터 또는 스마트기기를 활용하여 쇼핑하고, 은행 업무를 보고, 학습하는 등 우리의 삶에서 더 이상 디지털을 분리하여 생각할 수 없으며 기술은 하루가 다르게 계속해서 진화하고 있습니다.

이 진화의 물결 속에서 떠오르고 있는 또 하나의 현실 세상인 메타버스!!!
그리고, 그곳에서 나를 대신하는 아바타와 다른 아바타 사이의 소통의 공간!!
본 교재에서는 그 세상을 알기 위해 다양한 메타버스 중 최신 업데이트를 반영한 PC 기반 게더타운과 모바일 기반 이프랜드를 활용하여 나를 대신할 아바타를 꾸미고, 가상의 전시장, 회의실, 사무실 등 여러 가지 공간을 제작하고 체험하는 방법을 다루고 있습니다. 기초부터 차근차근 설명되어 있어서 차근차근 따라서 학습하시다 보면 어느새 게더타운과 이프랜드에서 즐겁게 즐기고 있는 자신의 아바타를 발견하실 수 있을 것입니다.

모쪼록 본 교재를 통하여 게더타운과 이프랜드의 사용 방법을 익히고 다양하게 활용하실 수 있기를 바랍니다. 이 책을 출간할 수 있도록 도움을 주신 김수진님, 신수경님, 출판사 관계자분들께 감사의 마음을 전합니다.

목차

PART 03   ifland로 메타버스 체험하기

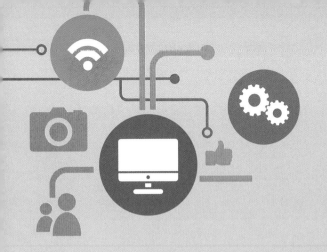

PART 01

메타버스의 세상
탐험 준비

메타버스(Metaverse)의 개념

메타버스란 무엇인가? 그 개념에 대해서 알아봅니다.

메타버스(Metaverse)는 최근 대중 매체에서 자주 등장하는 용어로서, 전 세계 사람들에게 높은 관심이 있는 이슈입니다. 이 용어는 30년 전인 1992년 소설가 '닐 스티븐슨(Neal Stephenson)'의 공상과학소설인 '스노 크래시(Snow Crash)'에서 시작되었습니다.

소설 스노 크래시 책표지 2003년 개정판

(사진 출처 : https://www.amazon.com)

메타버스(Metaverse)에 대한 이해를 돕기 위해 이 용어가 최초로 등장한 소설 '스노 크래시(Snow Crash)'의 내용을 간략하게 살펴보겠습니다. 이 소설에서 주인공인 히로는 고글과 이어폰 착용을 통해 메타버스 가상세계 안의 아바타가 되어 다양한 일을 하고, 미착용하게 되면 현실 세계로 다시 돌아옵니다. 즉, 가상세계인 메타버스(Metaverse)와 현실세계를 넘나들면서 문제를 해결하는 내용입니다. 또한, 가상세계에서 나를 대신 하는 캐릭터 즉, '아바타(Avatar)'라는 용어도 여기에서 처음 사용하였습니다.

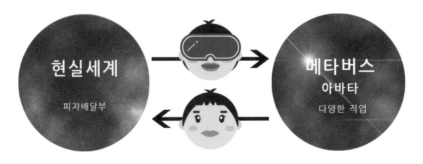

스노 크래시에서의 현실세계와 메타버스

그렇다면, 메타버스(Metaverse)는 무엇인지 구체적으로 살펴보겠습니다. 사전적 의미로 초월, 가상을 의미하는 그리스어 Meta와 우주, 세계를 의미하는 영어 Universe가 결합한 합성어입니다. 즉 가상세계를 뜻합니다.

메타버스 용어의 생성과정

우리는 이미 30년 전 메타버스에서 많은 시간을 할애하며 사람들과 교류를 해 왔습니다. 1999년 국내에서 사랑받던 싸이월드 미니홈피를 아시나요? 우리나라의 메타버스의 전신이라고 불리고 인기를 누리던 문화였습니다. 실질 화폐로 가상화폐인 도토리를 구매하여 가구, 배경음악 등을 구매하고, 파도타기를 통해 다른 사람들의 미니홈피를 방문하고, 댓글을 달기도 했습니다. 현재는 최신 트렌드에 맞는 서비스로 새롭게 오픈 준비중입니다.

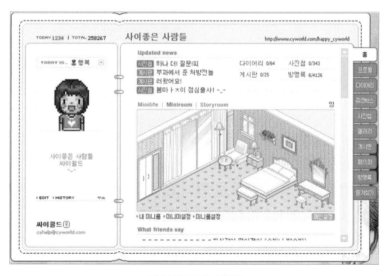

싸이월드 미니홈피

(사진 출처 : https://news.nate.com/view/20210203n40437)

미니홈피 열풍 뒤로 사람들은 블로그, 트위터, 페이스북, 인스타그램 등 자신의 SNS(Social Networking Service)에 본인의 일상을 사진 또는 글로 적어 보여주고 싶은 일상을 공유하고 있습니다.

그리고 정보통신기술의 발달로 업그레이드된 기술과 고급 그래픽의 구현이 가능하게 되어, 양질의 서비스를 사용자에게 제공할 수 있게 되었습니다. 이는 최근 비대면 시대에 직면하면서 사람들의 일상이 제약되는 상황에서 활동할 수 있도록 대체할 매개체가 필요한 현실을 의미하였습니다.

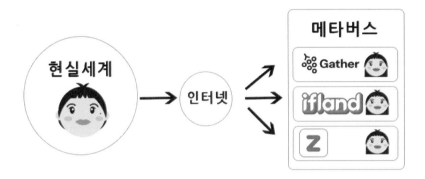

현실세계와 대표 메타버스와의 연결

(로고 출처 : 각 플랫폼 홈페이지)

이에 대기업들은 메타버스 관련 사업에 많은 투자를 하고 있으며 이를 통해 수익을 높이고 사람들에게 효과적인 경제, 문화 등의 효율적으로 활동을 할 수 있도록 하는 움직임을 보입니다.

먼저 개발된 메타버스 플랫폼의 대표 사례는 제페토(ZEPETO), 이프랜드(ifland), 게더타운(Gather town) 등이 있습니다. 이는 현실 세계에서 사용자가 메타버스 플랫폼에 접속하면, 나를 대신하는 아바타가 친구를 만나고, 회의하고, 게임, 경제활동, 콘서트, 전시 관람, 선거활동 등 가상의 세상에서 다양한 활동을 합니다.

따라서 이제는 메타버스에 대한 관심이 없다고 모른 척 무시하기에는 세상이 급속도로 변화하였고, 앞으로도 더 빠른 속도로 발전된 세상이 될 것입니다. 메타버스 속의 생활은 익숙해지고, 확산하고 있으며, 이에 따라 미래의 새로운 공간이 될 것입니다.

메타버스(Metaverse)의 유형

메타버스의 유형과 특징에 대해서 알아봅니다.

메타버스(Metaverse)는 크게 증강현실(Augmented Reality), 라이프로깅(Life logging), 거울세계(Mirror Worlds), 가상세계(Virtual Worlds) 등의 4가지 유형으로 나뉘는데, 그 특징에 대해서 살펴봅니다. 이 유형은 2007년 미국의 미래가속화연구재단(ASF : Acceleration Studies Foundation) 주체로 개최하여 분야의 전문가들이 발표한 메타버스 로드맵(Metarverse Roadmap)에서 수정 보완한 후 대안적 개념을 제시한 내용입니다.

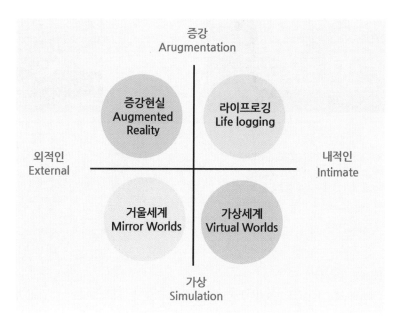

메타버스 유형

ASF(2007) 토대로 재구성

4개의 유형들이 각각 따로 구분되어 활용되기도 하지만, 정보통신 기술의 발달로 2개 이상의 유형이 융합되어 활용되기도 합니다. 예를 들어, 현실 속에 존재하는 가수가 가상의 게임 속에 아바타로 등장하거나 콘서트를 열기도 하였습니다.
위 4가지 유형의 메타버스 용어를 처음 접하게 되시는 분들이라면 어렵게 느껴질 수 있습니다. 그러나, 다음 페이지와 같이 사례별로 정리하여 살펴보면 좀더 쉽게 접근할 수 있을 것입니다.

01 증강현실(Augmented Reality)

현실 공간에 실제로는 존재하지 않는 가상의 물체와 함께 상호작용하는 현실을 말합니다. 게임, 가구배치, 가상피팅룸 등을 예로 들 수 있습니다.

이케아
사진출처: https://apps.apple.com/app/ikea-place/id1279244498?platform=ipad
원하는 가구를 선택한 후 카메라를 통해 실제 집안 인테리어와 선택한 제품이 어울리는지 확인할 수 있습니다.

포켓몬고
사진출처: https://apktume.com/iphone/us/app/1094591345/#iPhone-img-1
카메라를 통해 현실 공간(도로, 숲, 건물 등)에 등장하는 캐릭터를 수집하거나 키워 다른 사용자와 게임을 통해 경쟁합니다.

02 라이프로깅(Life logging)

자신의 일상에 관련된 다양한 경험과 정보를 인터넷이나 스마트기기에 기록하여 저장하고 다른 사람들과 공유하는 활동을 말합니다.

개인들이 일상 생활에서 이루어지는 경험이나 상황을 SNS에 등록하고 다른 사용자들과 공유하며 소통합니다.
스마트 워치와 앱을 연동하고 건강을 기록하는 웨어러블 디바이스로 많이 사용하고 있습니다.

03 거울세계(Mirror Worlds)

현실 속에 있는 세계를 그대로 똑같이 디지털로 구현하여 사용할 수 있게 합니다. 현실 세계에 효율성과 확장성을 더하여 비즈니스, 교육, 유통, 교통, 문화 콘텐츠 등 다양한 영역에서 폭넓게 사용하고 있습니다.

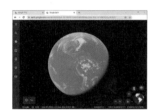  

| 구글어스 | 구글맵 | 네이버 지도 | 배달의민족 앱 |

04 가상세계(Virtual Worlds)

가상의 플랫폼에서 사용자를 대신하는 아바타들이 다양한 사회적, 경제적, 문화적 활동을 합니다. 여러 사용자들이 참여하여 마치 현실 세계와 같은 느낌을 갖게 해주며, 아이템을 구입하거나 판매할 수 있으며 수익을 현실의 돈으로 바꾸는 것도 가능합니다.

마인크래프트

로블록스

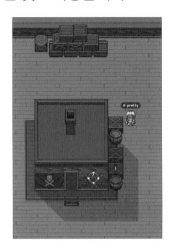
게더타운

제페토

이프랜드

메타버스(Metaverse)의 사례

메타버스의 다양한 활용사례에 대해서 알아봅니다.

메타버스(Metaverse)는 다양한 분야에 활용되고 있습니다. 분야별로 어떻게 활용되고 있는지 살펴보겠습니다.

01 연수

메타버스 사례로 하나은행에서 제페토를 활용하여 '하나 글로벌캠퍼스 메타버스 연수원 그랜드 오프닝'과, '하나은행 신입행원 멘토링 프로그램 수료식'을 개최하였습니다.

제페토에서의 하나은행 글로벌 캠퍼스 (출처 : 하나은행 2021.7.13.일자 보도자료)

02 교육

전라남도 교육청은 진로진학지도를 메타버스 안에서 진행하였습니다. 200명이 넘는 학생들이 원하는 정보와 상담 등을 메타버스 안에서 안전하게 마무리하였습니다.

전라남도 교육청 진로진학지도 (출처 : https://vimeo.com/639821663)

03 누리호 발사 시청

SK텔레콤에서는 2021년 10월 21일, 국내 순수 기술로 개발한 최초의 한국형 발사체인 누리호의 발사 장면을 메타버스 아바타 전문 기업인 갤럭시코퍼레이션과 이프랜드에서 함께 중계 예정을 보도하였습니다.

누리호 발사 준비 메타버스

(출처 : SK Telecom 보도자료 2021.10.21.일자)

04 학술대회

제21회 산림 정보통신기술(ICT) 학술대회를 메타버스 안에서 개최하였습니다. 디지털 산림관리에 필요한 인공지능, 드론 등 최신 정보통신기술(ICT) 동향, 우수 사례, 아이디어를 공유하는 뜻깊은 행사였습니다.

산림 정보통신기술 학술대회

(이미지 출처 : 산림청 보도자료)

05 전시회

- 우정사업본부가 네이버 메타버스 플랫폼 제페토에서 우표전시회를 개최하였습니다. 다양한 우표를 관람할 수 있으며, 퍼즐 맞추기 등의 게임도 할 수 있습니다.

제페토의 우표전시회 메타버스 이용자 플레이 장면

(출처 : 우정사업본부 2021.10.22.일자 보도자료)

- 이프랜드의 갤러리룸에서 2022년 전국 해돋이 명소 사진전을 관람할 수 있습니다.

이프랜드 2022 전국 해돋이 명소 사진전

06 취업박람회

메타버스 유형 중 라이프로깅으로 대표되는 페이스북, 인스타그램 등의 SNS를 활용해 온라인 호주 취업박람회를 홍보하였습니다. 이 박람회에 참여한 구직자들은 온라인상에서 면접과 멘토링을 진행할 수 있어서 호주 유학생, 호주에 취업에 관심이 있는 취업준비생에게 효과적인 박람회가 되었습니다. 메타버스 플랫폼의 하나인 게더타운(Gather Town)에서 취업준비생들을 대신하는 아바타의 활동으로 현장감을 높였습니다.

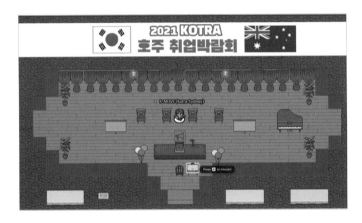

게더타운안에서의 호주 취업박람회

(출처 : KOTRA 보도자료)

07 콘서트

• 방탄소년단이 포트나이트 게임 플랫폼에서 Dynamite 공연을 하였습니다.

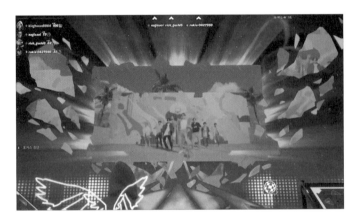

포트나이트에서의 방탄소년단 공연모습

(출처 : youtube.com/watch?v=BzrwFm-0bdc)

08 패스트 푸드

- 로블록스 내의 맥도날드에서 유니폼을 입고 게임을 할 수 있습니다. 맥도날드의 홍보 효과도 있습니다.

로블록스에서의 맥도날드

- 제페토의 한강공원에서 아바타가 CU 편의점을 실제로 구경하듯 돌아다닐 수 있습니다. 편의점에서 실제 물건을 구매할 수는 없지만 제페토의 CU 한강점을 방문하여 삼각김밥에서 아이템을 획득하고 해시태그로 업로드하면 참여한 1000명에게 실제로 삼각김밥을 주는 이벤트를 열기도 하였습니다.

제페토에서의 CU 한강점

PART 02
게더타운에서 메타버스 탐험하기

게더타운 가입하고 캐릭터 만들기

게더타운을 활용하여 수업, 행사, 회의 등 다양하게 활용하기 위해 게더타운에 가입하는 방법에 대해 알아봅니다.

01 크롬 브라우저(Chrome Browser)의 주소 입력란에 **"https://gather.town"을 입력**하고 게더타운 사이트에 접속한 다음 **[Sign in]을 클릭합니다.**

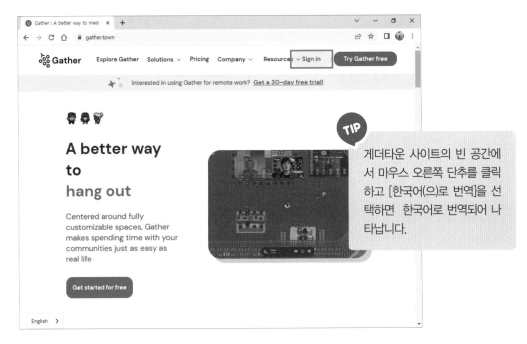

TIP 게더타운 사이트의 빈 공간에서 마우스 오른쪽 단추를 클릭하고 [한국어(으)로 번역]을 선택하면 한국어로 번역되어 나타납니다.

02 다음과 같이 로그인 화면이 나타나면 **[Sign in with Google]을 클릭합니다.**

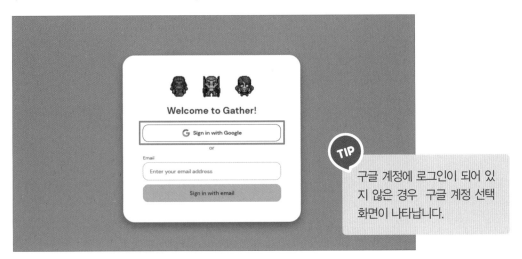

TIP 구글 계정에 로그인이 되어 있지 않은 경우 구글 계정 선택 화면이 나타납니다.

03 아바타 꾸미기 창에서 **[Base]를 클릭합니다.** 먼저 **[Skin]을 선택하고, 얼굴의 형태와 피부 색상을 선택합니다.**

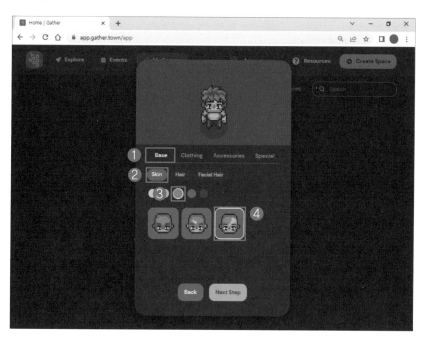

04 캐릭터의 헤어 스타일을 설정하기 위해 **[Base]** 항목의 **[Hair]를 선택하고, 헤어의 형태와 헤어 색상을 선택합니다.**

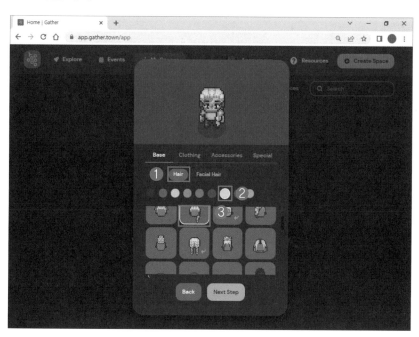

05 같은 방법으로 [Clothing]에서 **아바타의 의상과 의상 색상을 지정하고,** [Accessories]에서 **모자를 선택**한 후 [Next Step]을 클릭합니다.

TIP
Accessories를 선택하면 아바타의 모자, 머리핀, 안경을 설정할 수 있습니다.

06 **아바타의 이름을 입력**한 후 [Finish]를 클릭합니다.

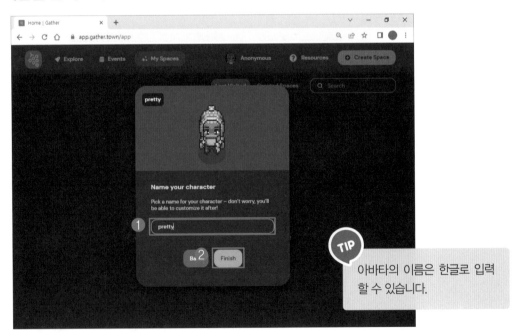

TIP
아바타의 이름은 한글로 입력할 수 있습니다.

07 다음과 같이 게더타운 홈 화면이 나타납니다. 아바타를 수정하기 위해 **[Profile]**를 클릭하여 **[Edit Character]**를 클릭합니다.

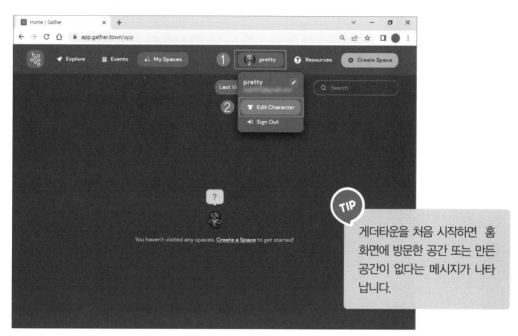

게더타운을 처음 시작하면 홈 화면에 방문한 공간 또는 만든 공간이 없다는 메시지가 나타 납니다.

08 아바타 설정 화면에서 원하는 헤어와 의상 스타일을 변경한 후 **[Finish Editing]**을 클릭합니다.

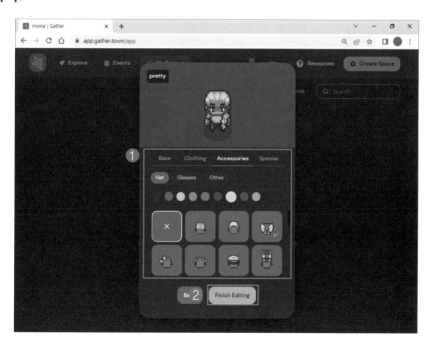

가상 사무실 만들고 체험하기

게더타운에서 제공하는 기본 템플릿을 이용하여 가상의 사무실을 만들고, 캐릭터를 조작하는 방법에 대해 알아봅니다. 사무실 입장 인원이 25명 이상인 경우 공간 사용은 유료입니다.

01 가상의 사무실 공간을 만들기 위해 게더타운 홈 화면에서 **[Create Space]를 클릭합니다.**

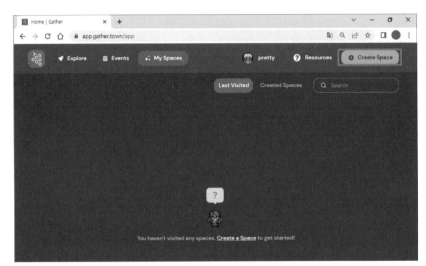

02 사무실 공간을 만들기 위해 **[Set up an office or team social]을 선택**한 다음 **[Select Space >]를 클릭합니다.**

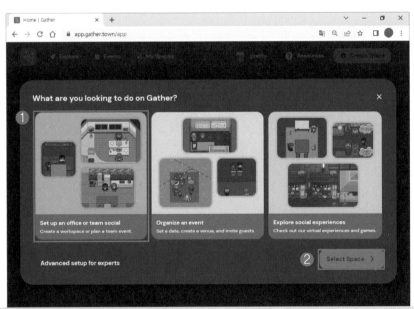

* Organize an event : 날짜 설정하기, 게스트 초대하기
* Explore social experience : 재미있는 공간 확인하기, 친구들 초대하기

03 공간 사용 목적 선택 화면이 나타나면 'Remote office'를 클릭합니다.

04 18-25명이 가상의 사무실에 들어갈 수 있도록 **네 번째 원을 선택**하여 인원수를 정하고 [Confirm Selection]을 클릭합니다.

> **TIP**
> [See other templates]를 클릭 하면 다양한 템플릿을 선택할 수 있습니다.

05 사용할 사무실 공간의 이름은 Space name 영역에 "super01"로 입력한 다음 [Create space]를 클릭합니다.

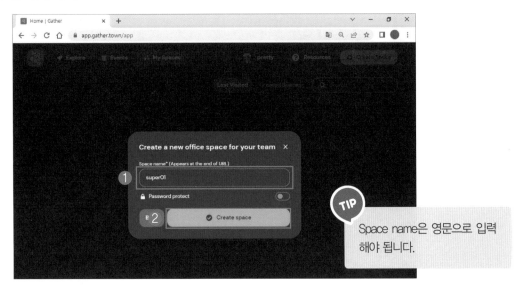

TIP
Space name은 영문으로 입력해야 됩니다.

06 다음과 같이 아바타가 완성되면 마이크와 카메라 설정 화면이 나타납니다. ▨(마이크)와 ▨(카메라)를 클릭하면 🎙(마이크)와 📹(카메라)로 바뀌면서 비디오 화면에 얼굴이 표시되며, 음성 표시 막대가 움직이는 것을 확인할 수 있습니다. [Join the Gathering]을 클릭합니다.

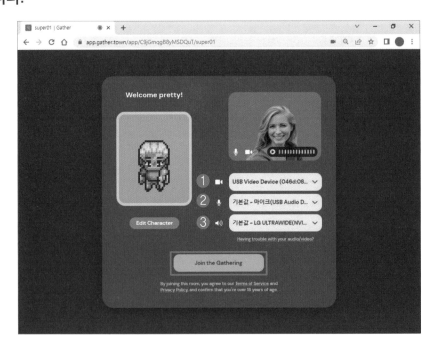

07 게더타운을 처음 접속하면 다음과 같이 Tutorial 화면이 나타납니다. **[Skip Tutorial]**을
클릭합니다.

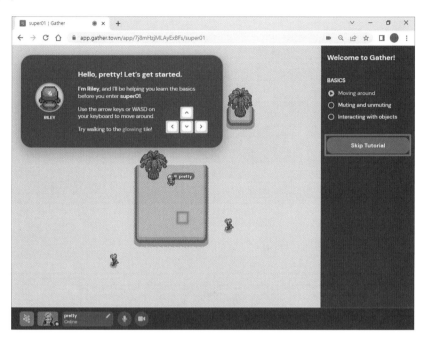

08 다음과 같이 접속 화면이 나타나면 잠시 기다립니다.

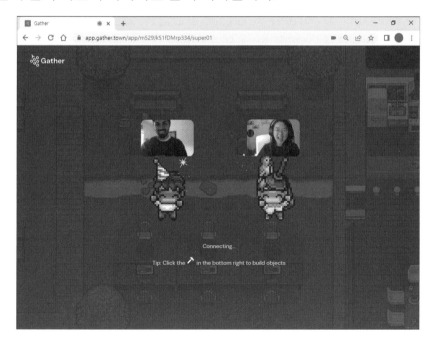

09 다음과 같이 super01 가상의 사무실에 입장된 것을 확인할 수 있습니다.

① (Main menu) : 홈, 초대, 공간 관리, 설정, 로그아웃 등을 할 수 있습니다.

② (Personal menu) : 사용자 및 공간을 설정할 수 있습니다.

③ (Microphone) : 마이크를 On/Off 할 수 있습니다.

④ (Camera) : 비디오를 On/Off 할 수 있습니다.

⑤ (Screen share) : 호스트가 참가자들과 모니터 화면, 파일, 프로그램 등을 공유하여 회의나 강의를 진행할 수 있습니다.

⑥ (emotes) : 아바타의 기분 상태를 다양하게 표현할 수 있습니다.

⑦ (more) : 숨겨져 있는 미니맵 아이콘을 화면에 표시합니다.

⑧ (Build tool) : 다양한 오브젝트를 선택하여 공간을 꾸미거나 삽입된 오브젝트를 삭제할 수 있습니다.

⑨ (Calendar) : 현재는 베타 버전이며, 구글 캘린더와 연결하여 예정된 이벤트 스케줄을 등록하거나 확인할 수 있습니다.

⑩ (Chat) : 참여자 간에 대화를 나눌 수 있는 채팅 창이 열립니다.

⑪ (Participants) : 가상의 사무실에 참가한 인원 수가 표시되며, 참가자를 확인할 수 있는 창이 열립니다.

마이크와 비디오가 켜지지 않을 때

1) 다음과 같이 경고 메시지가 나타나면, ⊠(닫기)를 클릭합니다. ▨(마이크)와 ▨(카메라)를 각각 클릭했을 때 켜지는지 확인합니다.

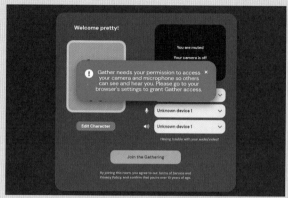

2) 마이크와 비디오가 켜지지 않는다면 크롬 브라우저에서 ⋮(Chrome 맞춤설정 및 제어)를 클릭하여 [설정]을 선택합니다. [개인정보 및 보안]을 선택하고 [사이트 설정]을 선택합니다.

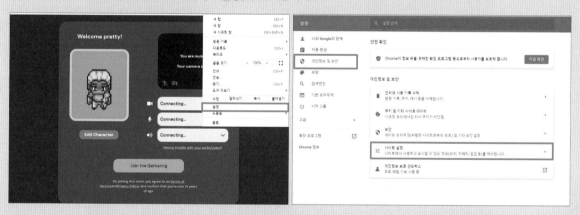

3) [사이트 설정]의 [gather.town]에서 "카메라 및 마이크를 차단함"을 클릭합니다. 그리고 "카메라와 마이크의 권한"을 허용으로 변경합니다.

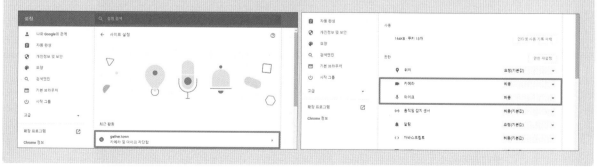

아바타로 공간 체험하기

가상의 사무실에서 아바타를 이동하는 방법과 오브젝트 활용하는 방법에 대해 살펴봅니다.

01 👥를 클릭하여 참가자 목록 창을 닫습니다. 키보드의 방향키(←, ↑, →, ↓)를 사용하여 캐릭터를 이동시킬 수 있습니다.

> **TIP**
> 안내 화면은 게더타운에 처음 접속한 경우에만 나타납니다.

02 다음과 같이 안내 화면이 나타나면 **[Skip]을 클릭합니다.** 캐릭터를 오른쪽으로 이동시키기 위해 키보드의 **오른쪽 방향키(→)를 누릅니다.**

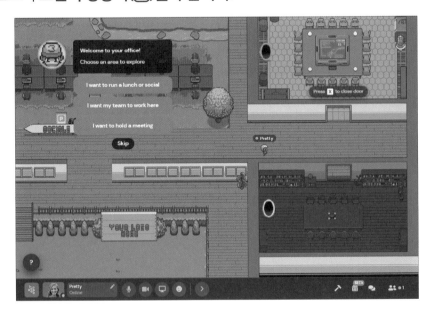

03 캐릭터를 왼쪽으로 이동시키기 위해 키보드의 **왼쪽 방향키(←)를 누릅니다.**

캐릭터 움직이기

	왼쪽	위쪽	오른쪽	아래쪽
알파벳	A	W	D	S
방향키	←	↑	→	↓
캐릭터 방향				

04 아바타를 빠르게 이동시키기 위해 스쿠터 공간으로 이동합니다. 스쿠터 영역이 노란색으로 표시되면 키보드의 X를 눌러 아바타를 스쿠터에 태웁니다.

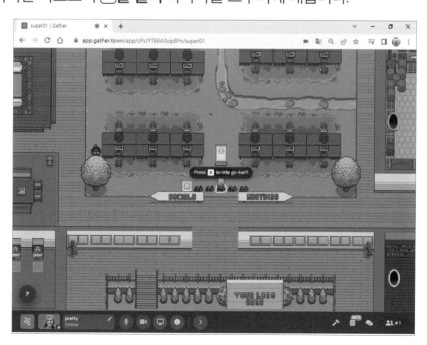

05 아바타가 스쿠터에 태워지면 방향키를 이용하여 아바타를 이동합니다. 아바타가 빠르게 이동되는 것을 확인할 수 있습니다.

06 Gameroom의 테트리스 게임 영역으로 아바타를 이동한 다음 키보드의 [X]를 누르면 아바타가 스쿠터에서 내립니다.

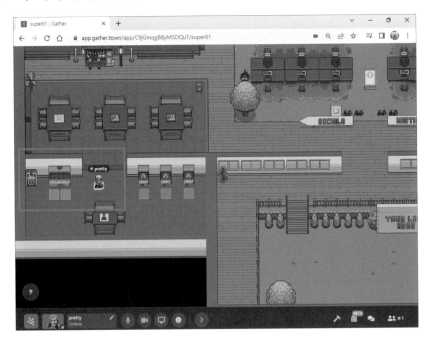

07 테트리스 게임 영역에 아바타가 들어오면 노란 테두리가 생깁니다. 키보드의 X를 눌러 게임 화면으로 이동합니다.

> **TIP**
> 휴게실 안내창이 나타나면 [Done]을 눌러 창을 닫습니다.

08 테트리스 게임 화면이 나타나면, 게임을 시작할 수 있습니다. 게임을 마치면 ⊠**(닫기)를 클릭**하여 게임을 종료합니다.

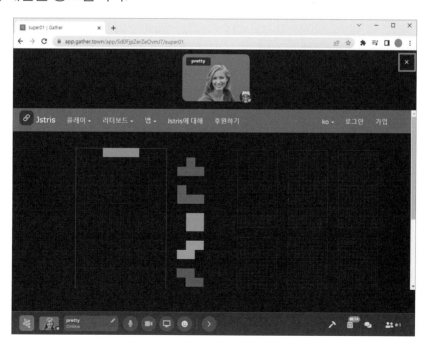

09 아바타를 빠르게 이동하기 위해 이동할 위치에서 **마우스 오른쪽 단추를 클릭하여 [Move here]를 클릭합니다.**

> **TIP**
> 아바타가 이동할 위치를 더블 클릭하면 해당 위치로 이동합니다.

10 캐릭터가 자동으로 마우스 포인터가 있는 위치로 이동합니다. 아바타가 Desk 영역에 들어오거나, 앉으면 주변 공간이 어두워집니다. 이것은 개인 공간에 들어온 것을 의미합니다.

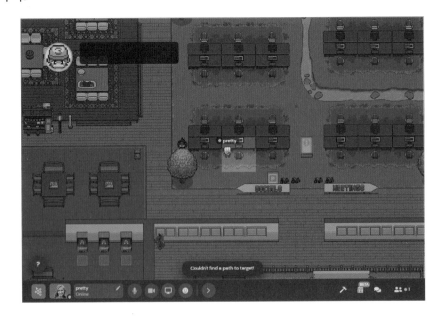

11 현재 공간에서 나가기 위해 ⠿(Main menu)를 클릭하여 ⌂ Home (Home)을 클릭합니다.

12 My Spaces 화면에서 **[Last Visited]을 선택하면** 최근에 접속한 공간 목록이 표시됩니다.

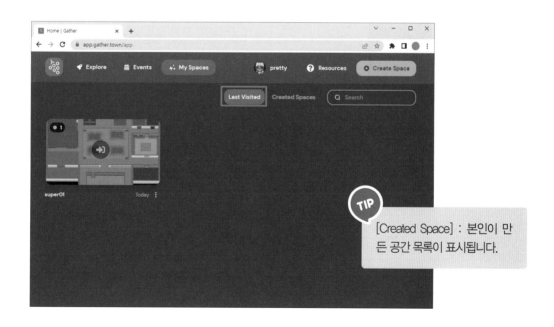

> **TIP**
> [Created Space] : 본인이 만든 공간 목록이 표시됩니다.

게더타운 접속 종료하기

접속을 종료하지 않은 상태에서는 "https://gather.town"을 입력했을 때 자동으로 로그인된 사용자의 홈 화면이 표시됩니다. 게더타운의 접속을 완전히 종료하려면 홈 화면의 상단에서 본인의 프로필을 클릭한 후 [Sign Out]을 선택합니다.

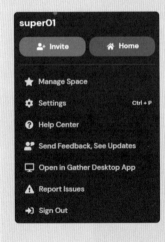

Invite : 게더타운 공간으로 사람들을 초대할 수 있습니다.

Home : 게더타운 시작 화면으로 이동합니다.

⭐(Manage Space) : 공간이나 참여자를 관리할 수 있는 Space dashboard 웹 페이지로 이동합니다.

⚙(Settings) : 게더타운에 대한 상세 내용을 설정할 수 있습니다.

❓(Help Center) : 게더타운 사용에 대한 궁금한 사항을 살펴볼 수 있습니다.

💬(Send Feedback, See Updates) : 피드백을 보낼 수 있고, 게더타운의 업데이트 내용을 볼 수 있습니다.

🖥(Open in Gather Desktop App) : 게더타운 프로그램을 설치할 수 있는 화면으로 이동합니다.

⚠(Report Issues) : 게더타운 사용 중 문제가 발생하면 해당 내용을 게더타운 관리자에게 보낼 수 있습니다.

➡(Sign Out) : 게더타운에서 로그아웃합니다.

게더타운 계정 삭제하기

① 게더타운 홈 화면에서 [Resources]-[Help Center]를 클릭합니다.

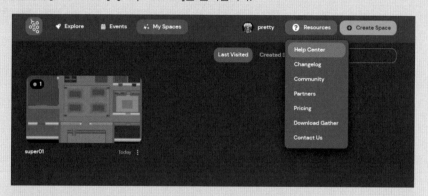

② 게더타운 Help Center 화면에서 [Account & Admin]-[My Account]-[Delete Your Account]를 클릭합니다. 계정 삭제 화면에서 ' https://app.gather.town/profile'을 클릭합니다.

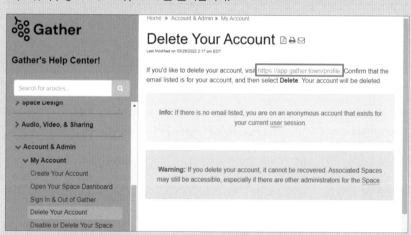

③ 다음과 같이 화면에서 [Delete Account]를 클릭한 후 [Yes]를 클릭합니다. 계정을 삭제하면 영구 삭제되므로 주의해야 됩니다.

공간 삭제하기

게더타운에서 제공하는 기본 템플릿을 사용해 공간을 만들고, 불필요한 공간을 삭제하는 방법에 대해 살펴봅니다.

01 기본 템플릿을 이용하여 가상의 공간을 만들기 위해 **[Create Space]를 클릭합니다.**

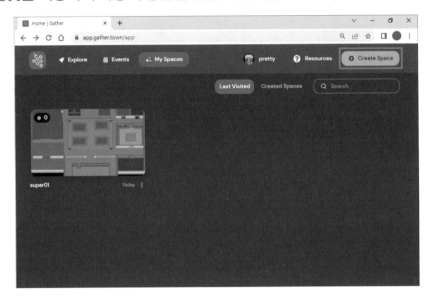

02 사용 목적을 선택하는 화면에서 **[Advanced setup for experts]를 선택합니다.**

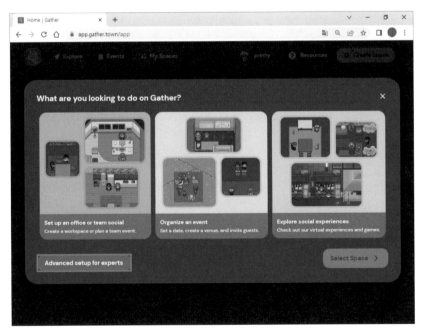

03 [Templates] 화면이 나타나면 [Experience]를 클릭한 다음 Experience 템플릿 목록 중 'Mystery Mansion' 템플릿을 선택합니다.

> **TIP**
> 템플릿에 표시된 인원수를 확인한 후 참여자 인원에 맞는 템플릿을 선택합니다.

04 공간 세부정보 화면이 나타나면 **공간 이름을 "event"로 입력합니다.**

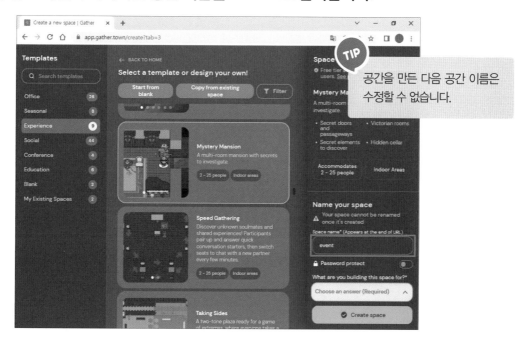

> **TIP**
> 공간을 만든 다음 공간 이름은 수정할 수 없습니다.

05 공간의 만들고자 하는 목적 항목을 클릭한 후 'Event'를 **선택**한 다음 [Create space]
클릭합니다.

> **TIP**
> Remote Office(원격 사무실), Event(이벤트), Social Experience(사회적 경험), Education(교육) 등 공간을 만들고자 하는 목적에 맞게 선택합니다.

06 캐릭터 설정, 비디오, 오디오 설정 화면에서 [Join the Gathering]을 클릭합니다.

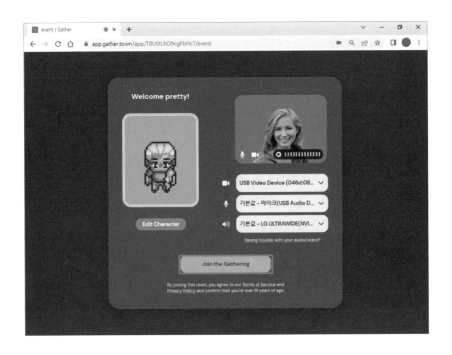

07 다음과 같이 Mystery Mansion 템플릿 공간에 입장된 것을 확인할 수 있습니다. 만들어진 공간을 삭제하기 위해 🎛(Main menu)를 클릭하여 [Upgrade Gather Plan]을 클릭합니다.

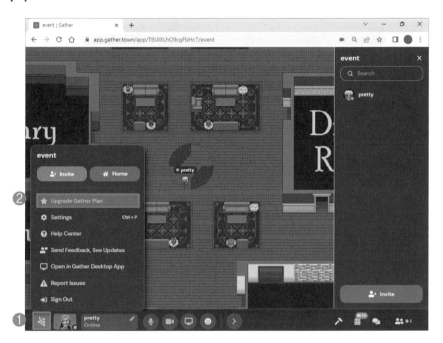

08 Space dashboard 화면에서 [Shut Down or Delete]를 클릭한 다음 [Delete Space]를 클릭합니다.

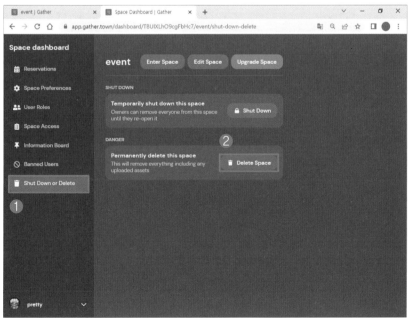

09 다음과 같이 공간을 영구 삭제할 것인지 묻는 경고창이 나타나면 **[Delete this Space]**를 클릭합니다.

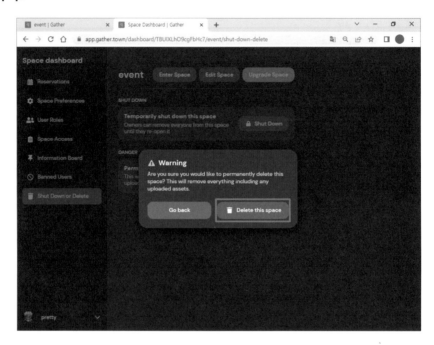

10 공간이 삭제되고 게더타운의 My Spaces 화면으로 이동힙니다. 크롬 브라우저의 탭에서 [event｜Gater] 탭의 ✕**(닫기)**를 클릭합니다.

> **TIP**
> [My Spaces]에서 삭제할 공간의 더보기(⋮)를 클릭하여 [Manage Space]를 선택하여 삭제할 수 있습니다.

템플릿 종류 살펴보기

게더타운에서 제공된 템플릿은 총 8개 카테고리에서 101개의 템플릿이 있습니다. 참여인원수에 따라 초소형(2-25명), 소규모(25-50명), 중형(50-100명), 대형(100명 이상)의 인원수별 크기를 선택하고, 개설목적에 따라 템플릿을 사용하여 개설하면 편리하게 게더타운을 사용할 수 있습니다. (단, 초소형(2-25명)에서는 무료이지만, 소규모(25-50명) 이상에서는 유료입니다)

1) Office 카테고리에서는 실내공간으로 사용하는 26개의 템플릿이 있으며, 세부적인 종류를 살펴보면 다음과 같습니다.

● Tiny (2-25 employees) - 초소형(2-25명)

| Cozy Office | Office, Inc. | Pirate Office | Space Station Office(Tiny) |
| 아늑한 사무실 | ㈜ 사무실 | 해적 사무실 | 우주정거장 사무실(작은) |

| Tiny Office (Dark) | Tiny Office (Light) | Tiny Office (Wood) |
| 작은 사무실(어두운) | 작은 사무실(조명) | 작은 사무실(목재) |

● Small (25-50 employees) - 소규모(25-50명)

| All Hands Room (Small) | Antique Office with Park | Fancy Office | Forest Office |
| 올핸즈룸(소) | 공원이 있는 골동품 사무실 | 팬시 오피스 | 산림청 |

| Industrial Office | Modern Office | Small Office (Dark) | Small Office (Light) |
| 산업 사무실 | 모던 오피스 | 소규모 사무실(어두운) | 소규모 사무실(조명) |

Small Office (Wood)
소규모 사무실(목재)

Space Station Office
(Medium)
우주정거장 사무실(중)

Unfurnished Office
가구가 없는 사무실

● Medium (50-100 employees) - 중형(50-100명)

All Hands Room (Medium)
올핸즈룸(중)

Medium Office (Dark)
중간 사무실(어두운)

Medium Office (Light)
미디엄 오피스(라이트)

Medium Office (Wood)
중형 사무실(목재)

● Large (100+ employees)-대형(100명이상)

Large Office (Dark)
대형 사무실(어두운)

Large Office (Light)
대형 사무실(조명)

Large Office (Wood)
대형 사무실(목재)

2) Seasonal 카테고리에서는 8개의 템플릿이 있으며, 대표 템플릿의 세부적인 종류를 살펴보면 다음과 같습니다.

Winter Gathering
겨울 모임
소규모(25-50명)

Family Gathering (Christmas)
가족 모임(크리스마스)
소규모(25-50명)

Family Gathering (Hanukkah)
가족 모임(하누카)
소규모(25-50명)

Pumpkin Patch & Corn Maze
호박 패치 및 옥수수 미로

3) Experience 카테고리에서는 10개의 템플릿이 있으며, 대표 템플릿의 세부적인 종류를 살펴보면 다음과 같습니다.

The Wheel of Time (한국어)
시간의 수레바퀴(한국어)
초소형(2-25명)

Botanical Garden
식물원
소규모(25-50명)

Gather Games
수집 게임
소규모(25-50명)

Speed Gathering
스피드 게더링
초소형(2-25명)

4) Social 카테고리에서는 44개의 템플릿이 있으며, 대표 템플릿의 세부적인 종류를 살펴보면 다음과 같습니다.

Open Mic Cafe
오픈 마이크 카페
소규모(25-50명)

Captain's Cabin
선장의 오두막
소규모(25-50명)

Park (Daytime)
공원(주간)
소규모(25-50명)

Study
공부하다
초소형(5-25명)

5) Conference 카테고리에서는 4개의 템플릿, Education 카테고리에서는 6개의 템플릿 이 있으며, 각 대표 템플릿의 세부적인 종류를 살펴보면 다음과 같습니다.

Basic Conference
기본 회의
대형(100명이상)

Event Entrance
선장의 오두막
중형(50-100명)

Auditorium
강당
대형(100명이상)

Classroom (Large)
교실(대)
중형(50-100명)

6) Blank 카테고리에서는 3개의 템플릿이 있으며, 대표 템플릿의 세부적인 종류를 살펴보면 다음과 같습니다.

Blank (Start from Scratch)
기본 회의

Empty Room (Medium)
선장의 오두막
소규모(25-50명)

Empty Room (Small)
강당
초소형(5-25명)

7) My Exsiting Space 카테고리에서는 호스트가 만든 템플릿이 있을 때 보입니다.

Mapmaker로 공간 만들기

게더타운을 활용하여 세미나, 이벤트 등을 개최하고자 할때 Mapmaker에서 직접 벽이나 마루를 개성있게 만들 수 있습니다.

01 게더타운에 접속하여 My Spaces 화면에서 **[Create Space]**를 클릭합니다.

> **TIP**
> 게더타운에 접속했을 때 게더타운 초기 화면이 나타나면 [Sign in]을 클릭하여 로그인을 합니다.

02 게더타운에서 제공하는 템플릿을 활용하여 공간을 만들기 위해서 **[Set up an office or team social]**을 선택하고 **[Select Space]**를 클릭합니다.

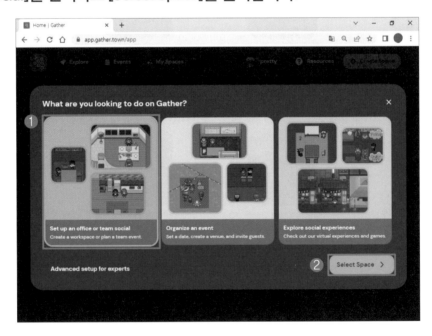

03 사용 목적 선택 화면에서 '**Remote office**'를 **선택한** 다음 [Office Size] 창에서 **[See other Templates]**를 클릭합니다.

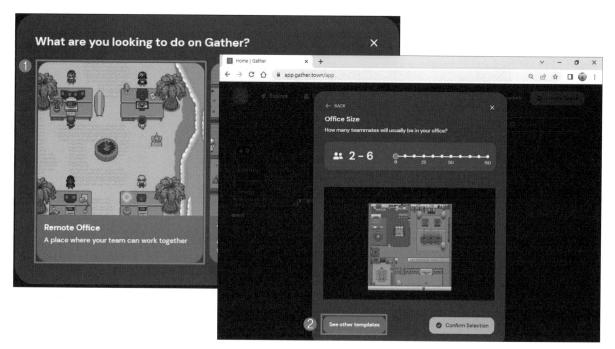

04 Templates에서 **[Blank]**를 클릭하고 'Blank(Start from scratch)'를 선택합니다. **[Space details]** 에서 개설할 공간의 이름을 "**event_room01**"로 입력하고, 공간 사용 목적은 '**Social Experience**'를 선택한 후, **[Create Space]**를 클릭합니다.

TIP

Password protect의 ◉를 클릭하여 활성화 시키면 비밀번호를 설정할 수 있습니다.

05 카메라와 마이크 연결 화면이 나타나면 **[Join the Gathering]**을 클릭합니다.

06 Blank 방이 열리면 도구바에서 🔨**(Build Tool)**을 클릭한 다음 **[Edit in Mapmaker]**를 클릭합니다.

07 호스트가 개설한 event_room01 공간을 편집할 수 있는 편집 화면이 나타납니다. 화이트보드 오브젝트를 삽입하기 위해 **[Objects]** 탭에 'Whiteboard'를 선택합니다.

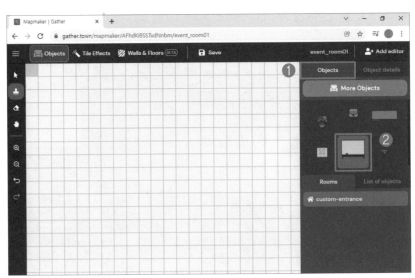

08 [Object details] 탭에서 **화이트보드의 색상을 선택**하고, **원하는 위치를 클릭하여** 오브젝트를 삽입합니다.

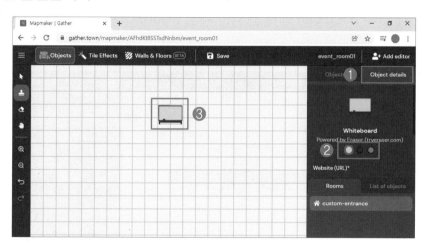

TIP

More Object 살펴보기

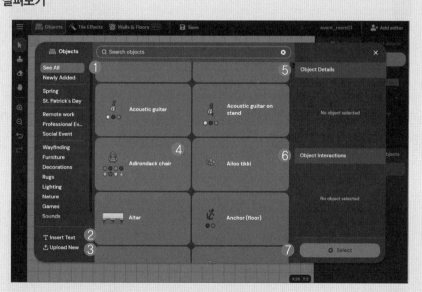

① **See All** : 모든 오브젝트 종류 이름을 보여줍니다.

② **Insert Text** : 텍스트를 삽입할 수 있습니다.

③ **Upload New** : 컴퓨터에 저장되어 있는 이미지를 공간에 삽입할 수 있습니다. 타일 1개의 크기는 가로와 세로 각각 32px x 32px 입니다.

④ 선택한 오브젝트에 등록된 이미지를 표시합니다.

⑤ **Object Details** : 선택한 오브젝트의 색상, 방향 등 상세한 설정을 할 수 있습니다.

⑥ **Object Interactions** : 선택한 오브젝트 웹 사이트 연결, 문서 공유 등을 할 수 있습니다.

⑦ **Select** : 사용할 오브젝트를 선택합니다.

09 [Objects] 탭을 클릭한 다음 기본 오브젝트에서 'Desk with drawers'를 선택합니다. 원하는 공간 위치에 클릭하여 다음과 같이 오브젝트를 삽입합니다. 다른 오브젝트를 배치하기 위해 다시 [Objects] 탭을 클릭한 다음 [More Objects]를 클릭합니다.

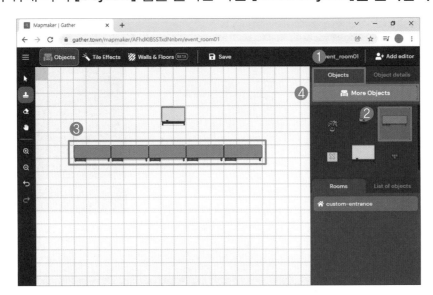

10 모니터를 삽입하기 위해 [Objects] 창에서 [Remote work]를 선택하고 스크롤 바를 이동하여 'Monitor(dual)'을 선택합니다. Object Interactions의 'No Interaction'을 선택하고 [Select]를 클릭합니다.

TIP

Object Interactions은 오브젝트와 사용자 사이의 상호소통을 설정하는 것으로서 원하지 않으면 'No Interaction'을 선택합니다

11 책상 위를 클릭하여 다음과 같이 데스크탑 컴퓨터 오브젝트를 삽입합니다. 의자를 삽입하기 위해 **[Objects]** 탭에서 **[More Objects]**를 클릭합니다.

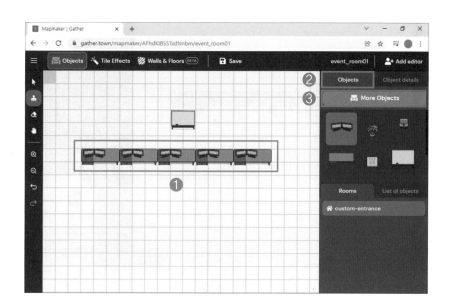

12 **[See All]을 선택한** 다음 상태에서 검색란에 **"chair"를 입력하고** 검색한 오브젝트가 나오면 'Antique Parlor Chair'를 선택합니다. Object Interactions의 **'No Interaction'**이 선택된 상태에서 **[Select]**를 클릭합니다.

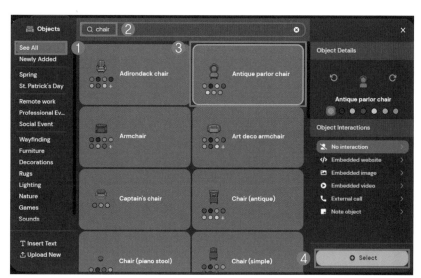

13 [Object details] 탭에서 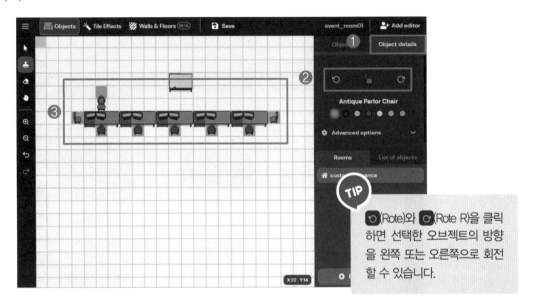 아이콘(Rote R)을 클릭하여 의자의 방향을 변경한 후 다음과 같이 삽입합니다.

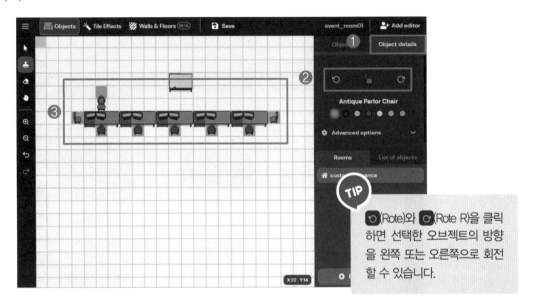

TIP

(Rote)와 (Rote R)을 클릭하면 선택한 오브젝트의 방향을 왼쪽 또는 오른쪽으로 회전할 수 있습니다.

14 도구바에서 (Zoom Out)을 선택하고, 공간의 빈곳을 여러 번 클릭하여 화면을 축소합니다.

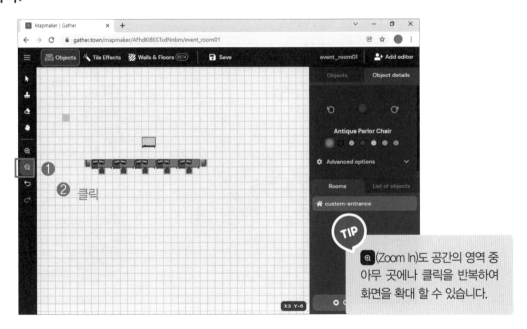

TIP

(Zoom In)도 공간의 영역 중 아무 곳에나 클릭을 반복하여 화면을 확대 할 수 있습니다.

15 도구바에서 🖐(Hand)를 클릭한 다음 마우스 왼쪽 버튼을 누른 상태로 **드래그하여 화면을 이동합니다.**

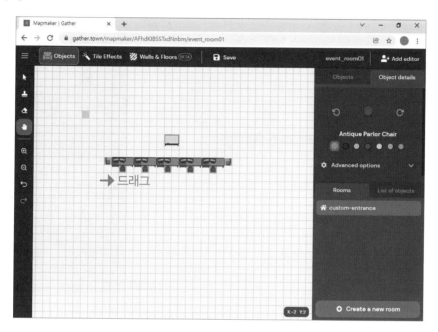

16 공간에 벽을 그리기 위하여 [Walls & Floors]를 클릭합니다. 다음과 같이 베타 경고창이 나타나면 [Yes]를 클릭합니다.

TIP

단, 벽과 바닥도구는 템플릿이나 사용자가 업로드한 배경과 호환되지 않습니다. 따라서 템플릿 또는 사용자가 업로드한 배경을 사용했을 때는 영구 삭제가 되기 때문에 주의합니다.

17 [Walls] 탭에서 원하는 모양의 벽을 선택하고 맵 위에 드래그하여 벽을 삽입합니다.

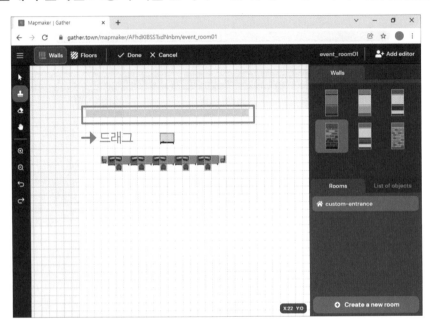

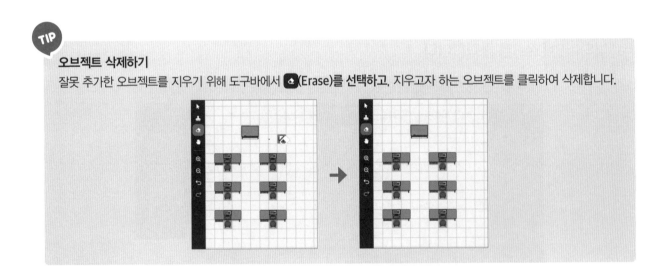

18 같은 방법으로 다음과 같이 왼쪽, 오른쪽 벽과 아래쪽 벽을 만듭니다.

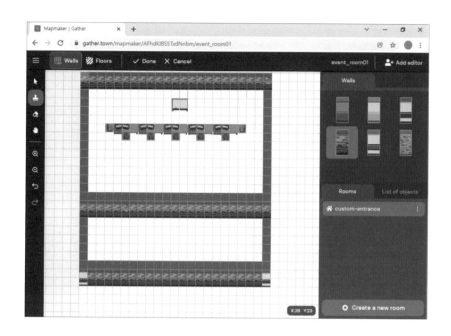

19 공간 위에 마루를 만들기 위해 [Floors]를 클릭합니다. [Floor tiles] 탭에서 **마루를 선택하고** 다음과 같이 드래그한 다음 [Done]을 클릭합니다.

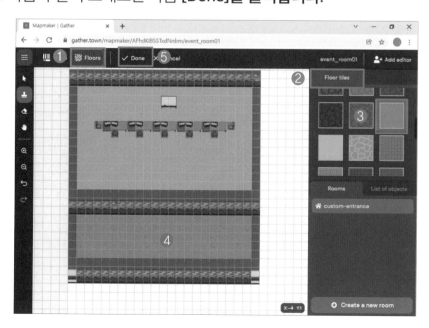

20 [Objects] 탭을 선택한 다음 아바타가 들어오고 나갈 수 있는 문을 만들기 위해 [More Objects]를 클릭합니다.

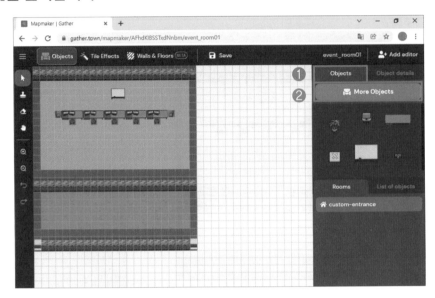

21 [Objects] 창에서 [See All]을 선택하고, 검색란에 "door"를 입력한 후 검색된 오브젝트에서 'Doorway(2-wide)'를 선택합니다. Object Interactions이 'No interaction'으로 선택되어 있는지 확인한 후 [Select]를 클릭합니다.

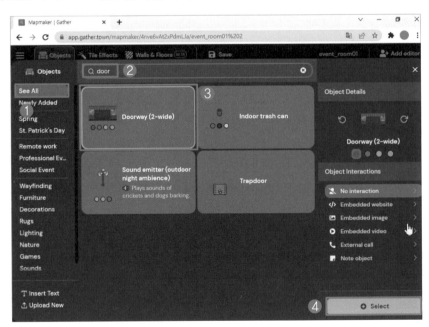

22 문이 삽입될 위치를 클릭하여 문을 삽입합니다.

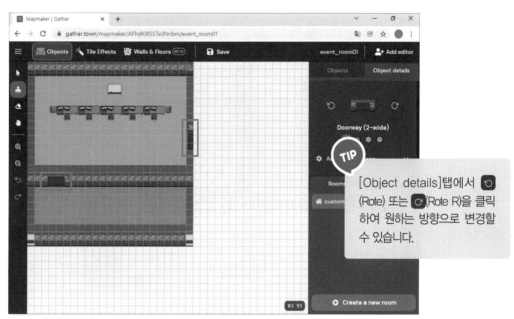

[Object details]탭에서 ↺
(Rote) 또는 ↻(Rote R)을 클릭
하여 원하는 방향으로 변경할
수 있습니다.

벽과 마루 삭제하기

[Walls & Floors] 탭을 클릭하고 [Floors]을 선택합니다. 도구바에서 (Erase)로 삭제할 마루 부분을 마우스로 드래그 또
는 클릭하여 삭제합니다.

23 같은 방법으로 공간에 사용자가 추가하기를 원하는 오브젝트, 벽, 타일, 문 등을 배치합니다.

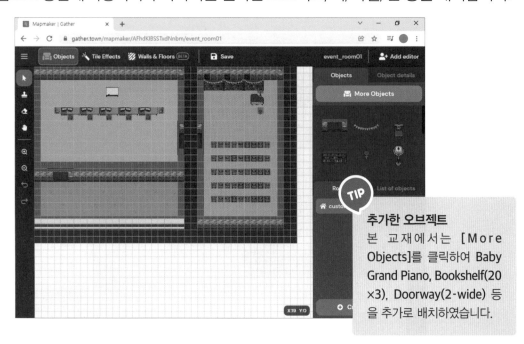

추가한 오브젝트
본 교재에서는 [More Objects]를 클릭하여 Baby Grand Piano, Bookshelf(20×3), Doorway(2-wide) 등을 추가로 배치하였습니다.

24 아바타가 벽을 통과하지 못하도록 하기 위해 **[Tile Effects]를 클릭합니다. [Tiles Effects]** 탭에서 **[Impassable]을 선택한 후** 벽을 마우스로 드래그하여 불투명한 빨간색으로 벽이 칠해진 것을 확인합니다.

불투명한 빨간색으로 칠해진 부분은 사용자가 통과할 수 없습니다.

25 게더타운 공간에 참여한 사람들이 입장할 때 시작 위치를 정하기 위해서 **[Tile Effects]**
탭에서 [Spawn]을 선택합니다. 도구바에서 ⬦(Eraser)**를 선택한 다음 처음 시작 위치의**
Spawn을 클릭하여 삭제합니다.

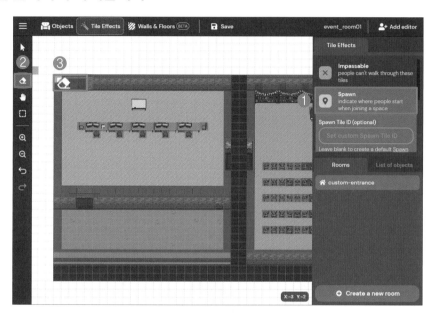

26 새로운 시작 위치를 정하기 위하여 [Tile Effects] 탭의 [Spawn]이 선택된 상태에서
도구바의 ▣(Stamp)**를 선택한 다음 원하는 위치를 클릭하거나 드래그하여** 지정하면
불투명한 연두색으로 표시됩니다. **[Save]를 클릭하여 저장합니다.**

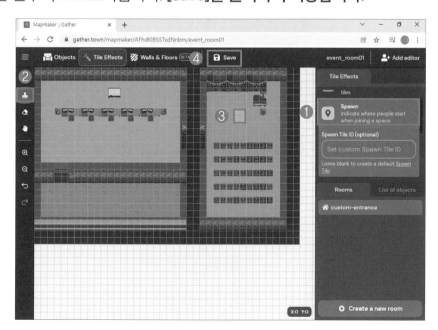

Tile Effects

- [× Impassable] : 게더타운 공간에 참여한 사람들이 타일을 통과할 수 없습니다.
- [⦿ Spawn] : 게더타운 공간에 참여할 때의 시작 위치입니다. [Spawn Tile ID]는 비워두면 기본값이 설정됩니다.
- [⬛ Portal] : 게더타운 공간에 참여한 사람들이 다른 방, 다른 공간으로 이동할 수 있도록 합니다.
- [◈ Private Area] : 같은 타일 영역에 있는 참여자들만 서로 연결할 수 있습니다.
- [📢 Spotlight] : 스포라이트로 지정한 위치에 발표자 아바타를 위치시키면 발표자 아타바와 멀리 떨어져 이어도 발표자 의 발표 모습과 음성을 들을 수 있습니다. 참가한 방에서 최대 100명이 들을 수 있습니다(단,100명이상 수용되는 방에 서는 사용할 수 없습니다).

27 공간이 완성되면 MY Spaces에서 확인하기 위해 ▤(메뉴)를 클릭하고 [Go to Space]를 클릭합니다.

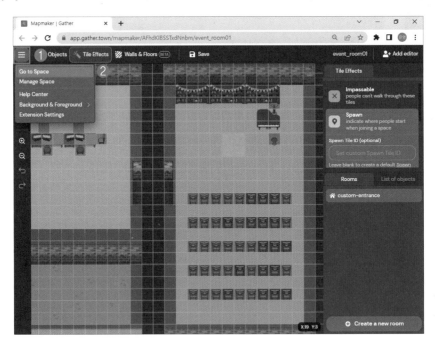

28 크롬 브라우저에 'event_room01' 탭이 열리고 카메라 설정 화면이 나타면 [Join the Gathering]을 클릭합니다.

29 프로필을 클릭한 다음 [Respawn]을 클릭하면 Spawn으로 설정한 위치로 아바타가
이동되는 것을 확인할 수 있습니다.

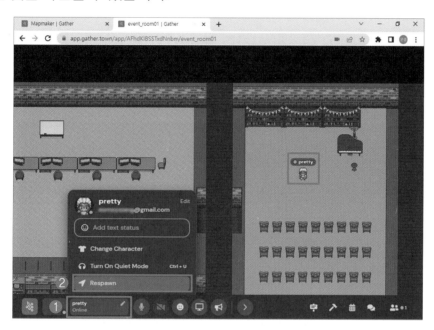

공간 연결하기

Mapmaker에서 다른 공간을 서로 연결하여 아바타가 자유롭게 공간을 이동할 수 있도록 할 수 있습니다. 공간을 연결하려면 먼저 연결할 공간의 URL 주소를 복사해야 됩니다.

01 게더타운 My Spaces에서 연결할 공간의 **⋮**(더보기)를 클릭하여 [Copy URL]을 클릭합니다.

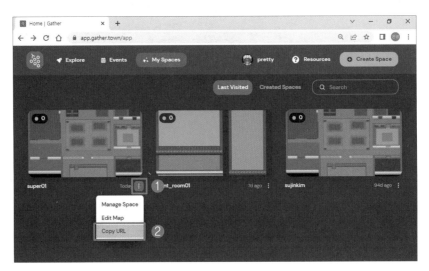

02 복사한 URL 주소의 공간과 연결할 공간으로 입장하기 위해 'event_room01' 클릭합니다.

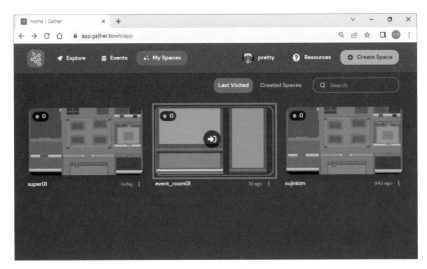

03 카메라와 마이크 연결 화면이 나타나면 [Join the Gathering]을 클릭합니다.

04 도구바에서 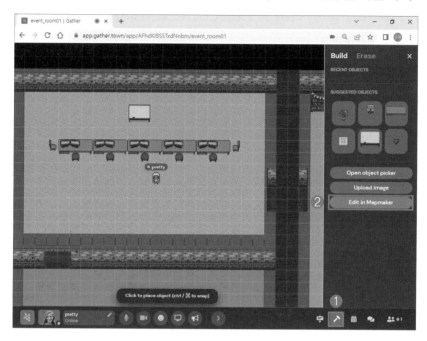(Build tool)을 클릭하여 [Edit in Mapmaker]을 클릭합니다.

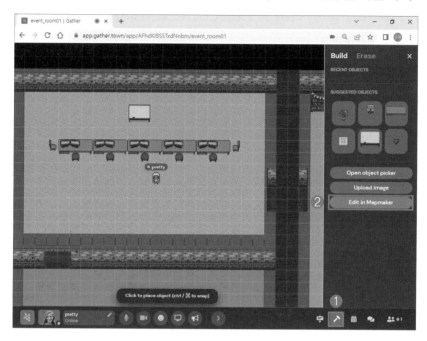

05 event_room01 Mapmaker 창이 열리면 이동할 문을 삽입하기 위해 **[More Objects]**를 클릭합니다.

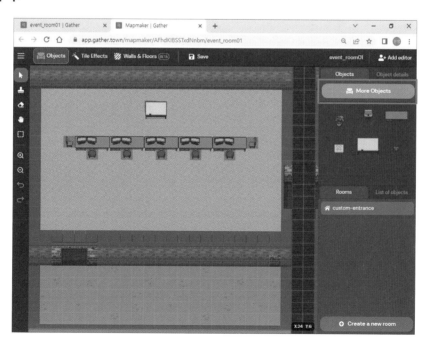

06 [Objects]에서 **[See All]을 클릭**한 다음 **검색란에 "door"을 입력합니다.** 검색된 항목에서 'Doorway(2-wide)'를 **선택**하고 Object Details에서 원하는 색상을 선택한 다음 **[Select]를 클릭합니다.**

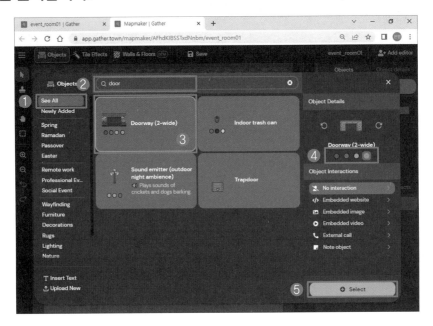

07 문이 삽입될 위치를 클릭합니다. **[Tile Effects]를 클릭**한 다음 [Tile Effects] 탭에서 'Portal'을 클릭합니다.

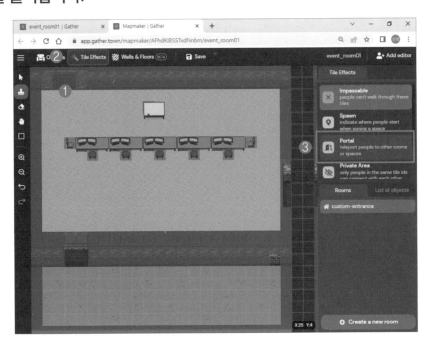

08 연결할 위치를 클릭한 다음 [Pick portal type] 창에서 **[Portal to another space]**를 클릭합니다.

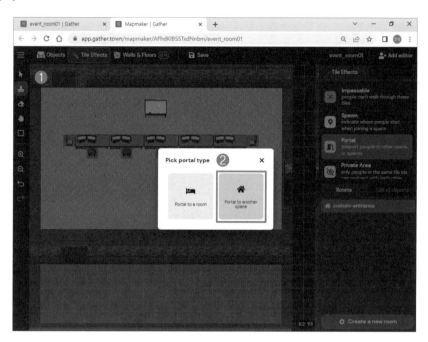

09 [Input space to portal to] 창이 나타나면 **입력란을 클릭하여** ⎡Ctrl⎤ + ⎡V⎤를 눌러 복사한 URL 주소를 붙여넣기한 다음 **[CONFIRM]**을 클릭합니다.

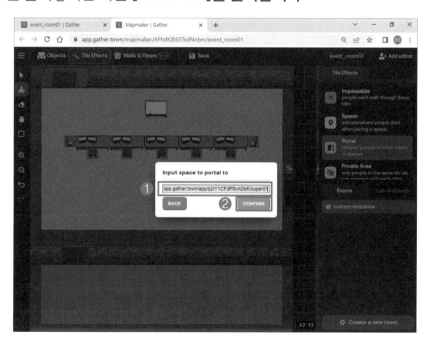

10 위와 같은 방법으로 다음과 같이 팀별 소모임 공간을 만들기 위해 오브젝트를 삽입합니다.

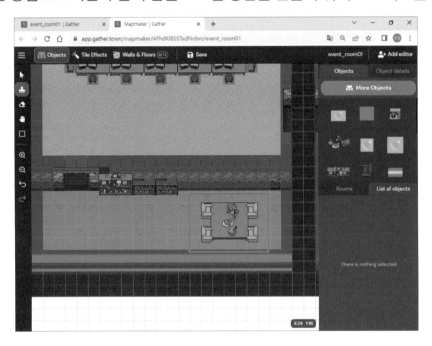

11 [Tile Effects]의 **[Tile Effects] 탭**에서 'Private Area'를 **선택**한 다음 Area ID에 "1"을 **입력**한 후 다음과 같이 영역을 드래그하여 공간을 설정합니다.

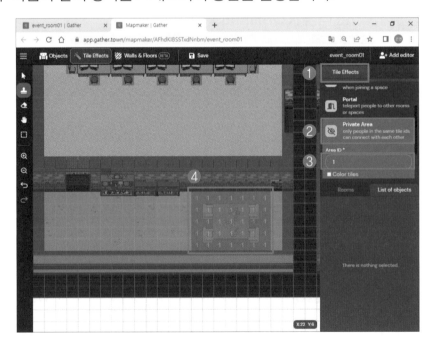

12 공간 설정을 한 다음 [Save]를 클릭하여 저장합니다. ▤(메뉴)를 클릭하여 [Go to Space]를 클릭합니다.

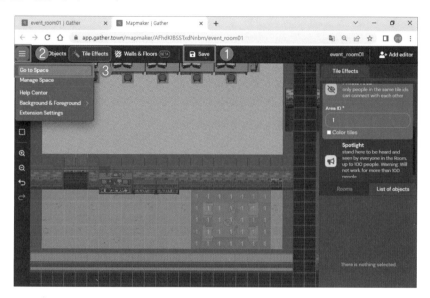

13 카메라와 마이크 연결 화면이 나타나면 [Join the Gathering]를 클릭합니다.

14 아바타를 소모임 공간으로 이동하면 공간이 환해지는 것을 확인할 수 있습니다.

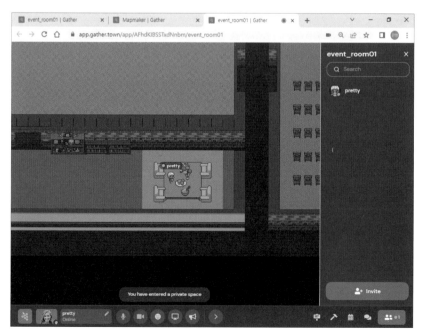

15 아바타를 삽입한 문 오브젝트 위치로 이동하면 다른 공간으로 이동하기 위해 Enter를 누르라는 메시지 창이 나타나면 Enter를 **누릅니다.**

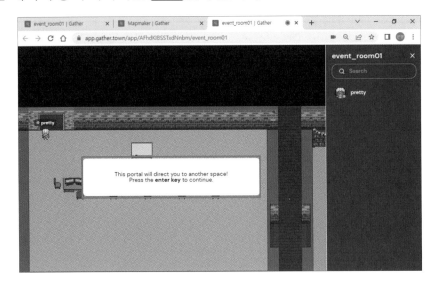

16 카메라와 마이크 연결 화면이 나타나면 **[Join the Gathering]를 클릭합니다.**

17 잠시 기다리면 'super01' 공간으로 접속 화면이 나타난 후 공간에 입장하는 것을 확인할 수 있습니다.

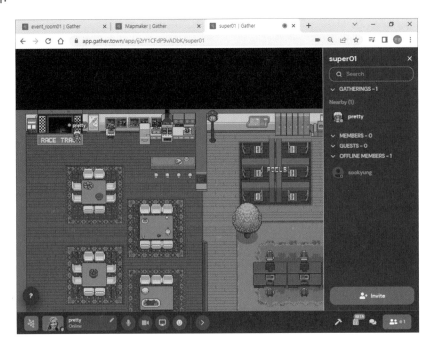

TIP

벽과 바닥을 수정할 때 주의할 사항

① 벽과 바닥을 수정하기 위해 [Walls & Floors]를 클릭하여 벽과 바닥을 수정하면 현재 만들어져 업로드되어 있는 배경 이미지가 제거되기 때문에 [No]을 누릅니다.

② 만약 벽과 바닥을 수정하기 위해 경고를 무시하고 진행하게 되면 현재 맵의 배경 부분이 삭제되어 검정으로 바뀌게 됩니다. 복구시키고자 이후에 다시 Edit in Mapmaker를 클릭하더라도 **치명적인 오류로 사용할 수 없습니다. 반드시 주의하세요**

게더타운으로 초대하기

게더타운을 활용하여 제작한 공간에 사람들을 초대하는 방법에 대해서 살펴봅니다.

01 My Spaces에서 event_room01 공간을 클릭하여 입장합니다. 지인을 초대하기 위해 🎲 (Main menu)를 클릭하여 [Invite]를 클릭합니다.

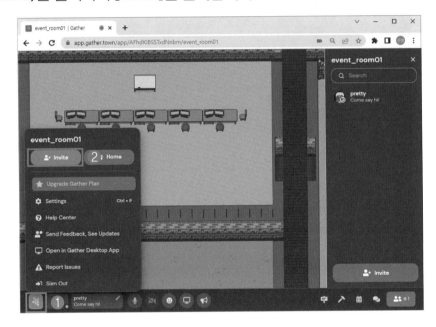

02 event_room01 공간에 초대할 사람들이 **사용할 기간을 '1day'**로 설정하고, **메일 주소를** 입력한 다음 [Send Invite]를 클릭합니다. 'I'll invite other later'을 클릭하여 초대 창을 닫습니다.

TIP
초대받은 사람이 게더타운을 사용할 수 있는 기간을 선택할 수 있습니다. (단 1 hour, 6 hour, 12 hour, 1day, 7day, 1 month 중에서 선택할 수 있습니다.

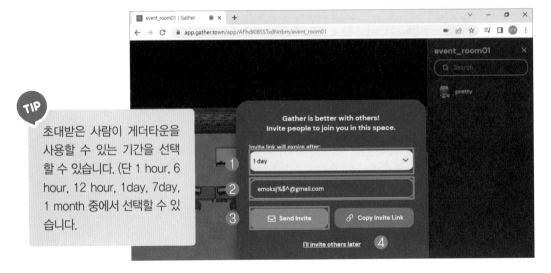

03 초대받은 사람이 메일을 확인하여 **[Accept Invitation]**을 클릭하면 event_room01 공간으로 입장합니다.

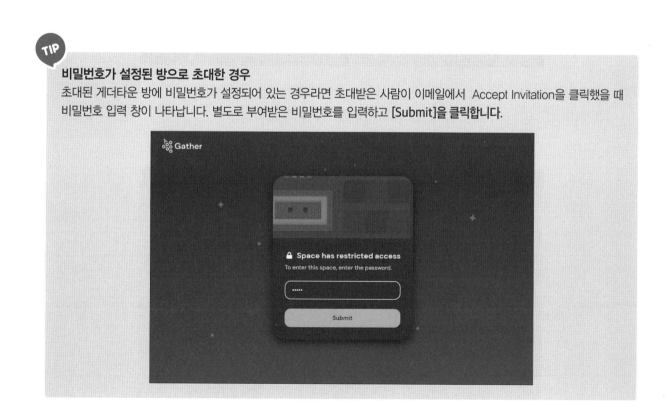

TIP

비밀번호가 설정된 방으로 초대한 경우
초대된 게더타운 방에 비밀번호가 설정되어 있는 경우라면 초대받은 사람이 이메일에서 Accept Invitation을 클릭했을 때 비밀번호 입력 창이 나타납니다. 별도로 부여받은 비밀번호를 입력하고 **[Submit]**을 클릭합니다.

제작한 게더타운 공간에 사람들을 초대하여 활용하는 방법에 대해서 살펴봅니다.

01 현실과 같은 상황으로 **아바타 간에 거리가 멀리 떨어져 있으면** 비디오 영상이 보이지 않고 또한 소리도 들리지 않습니다.

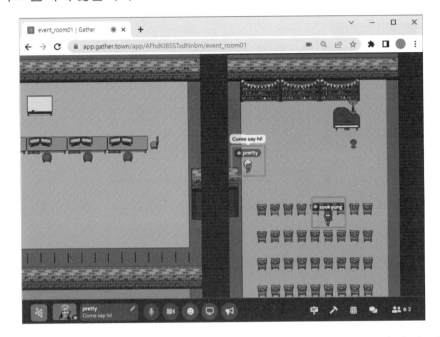

02 키보드의 방향키를 이용하여 참가자의 아바타를 상대 아바타에 가까이 이동시킵니다. 상대 비디오 영상이 흐릿하게 보이고, 소리도 점점 커집니다.

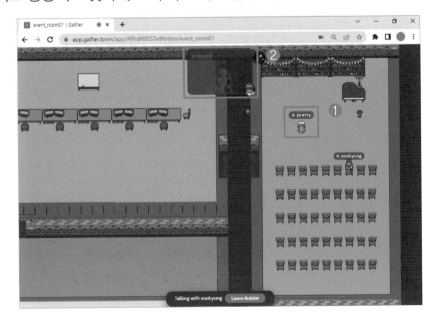

03 아바타가 서로 가까워지면 비디오 영상이 선명하게 보이고, 소리도 크게 잘 들립니다.

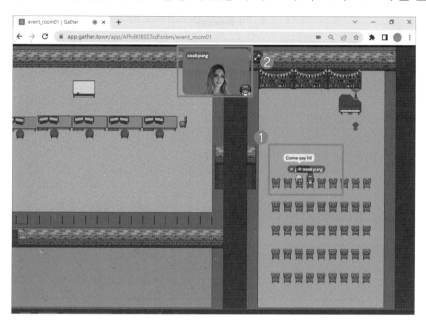

04 특정 아바타를 따라다니게 하기 위해 상대 아바타 위에서 **마우스 오른쪽 버튼을 클릭하여** **[Follow]를 클릭합니다.**

① Start bubble : 1대1 대화를 할 수 있습니다.
② Follow : 다른 친구를 따라 다니도록 합니다.
③ Send chat : 친구와 채팅을 할 수 있습니다.
④ Move here : 원하는 곳으로 바로 이동이 가능합니다.

05 상대 아바타가 이동하면 본인의 아바타가 따라다니는 것을 확인할 수 있습니다. 아바타가 계속 따라다니는 것을 중지 시키기 위해 👥●2(Participants)를 클릭합니다.

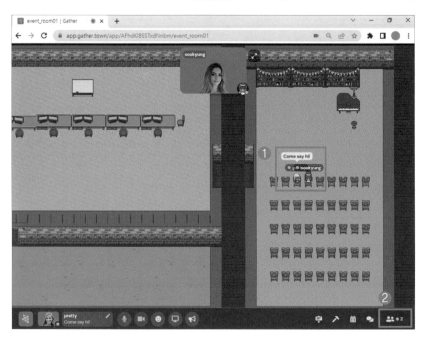

06 참가자 목록이 나타나면 팔로우한 아바타에서 마우스 오른쪽 단추를 클릭하여 [Stop following]을 클릭합니다. 👥●2(Participants)를 클릭하여 참여자 창을 닫습니다.

07 방향키를 이용하여 아바타를 다른 곳으로 이동시킵니다. 이번에는 1대 1 대화를 하기 위해 대화하고자 하는 아바타에서 마우스 오른쪽 버튼을 클릭하여 **[Start bubble]를 클릭합니다.**

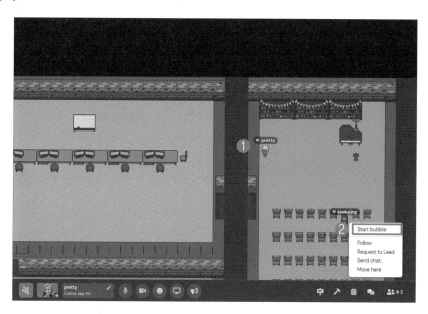

08 아바타가 대화할 상대 아바타 옆으로 이동하고, 비디오가 활성화 되고 음성이 잘 들리는 것을 확인할 수 있습니다.

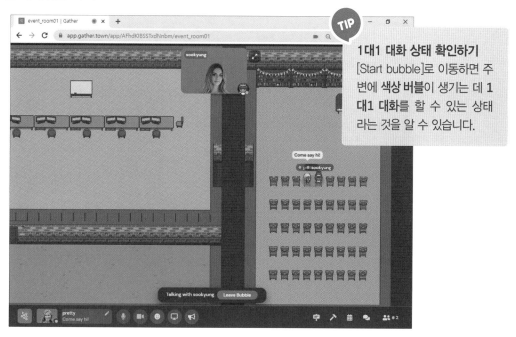

1대1 대화 상태 확인하기
[Start bubble]로 이동하면 주변에 **색상 버블**이 생기는 데 **1 대1 대화**를 할 수 있는 상태라는 것을 알 수 있습니다.

09 아바타를 다른 장소로 자동으로 이동시키기 위해서는 이동할 위치에서 마우스 오른쪽 버튼을 클릭하여 **[Move here]**를 클릭합니다.

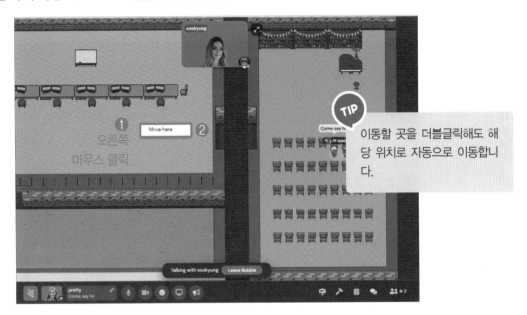

> **TIP**
> 이동할 곳을 더블클릭해도 해 당 위치로 자동으로 이동합니 다.

10 아바타가 원하는 위치로 이동된 것을 확인합니다. 1대 1 채팅을 하기 위해 상대 아바타 위에서 마우스 오른쪽 버튼을 클릭하여 **[Send chat]**를 클릭합니다.

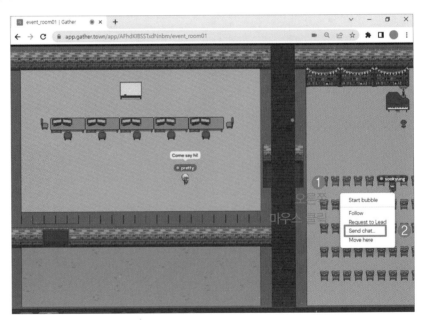

11 채팅 입력 창에 내용을 입력하고 [Enter]를 누르면 채팅창에 대화 내용이 보입니다.

TIP
① Room : 현재 공간에 있는 사람의 인원이 나옵니다.
② Nearby : 근처에 있는 사람에게 메시지를 보낼 수 있습니다.
③ Inbox : 메시지를 보낸 리스트가 나옵니다.

12 맵에서 특정 아바타를 찾기 위해 🎟(Participants)을 **선택하고** 친구 닉네임에서 마우스 오른쪽 버튼을 클릭한 후 **[Locate on map]을 클릭합니다.**

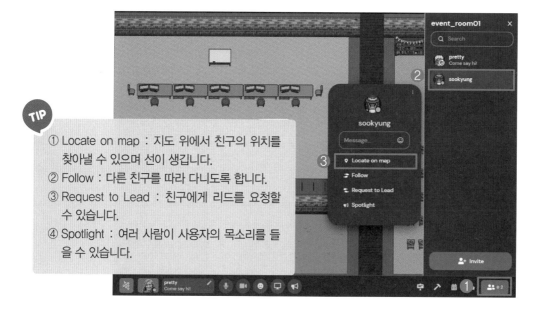

TIP
① Locate on map : 지도 위에서 친구의 위치를 찾아낼 수 있으며 선이 생깁니다.
② Follow : 다른 친구를 따라 다니도록 합니다.
③ Request to Lead : 친구에게 리드를 요청할 수 있습니다.
④ Spotlight : 여러 사람이 사용자의 목소리를 들을 수 있습니다.

13 맵에 친구의 위치를 찾아서 선으로 표시해 줍니다.

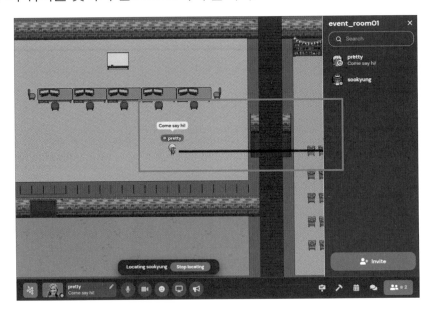

14 ▦(Participants)을 **선택하고** 친구 닉네임에서 마우스 오른쪽 버튼을 클릭한 후 **[Stop locating]을 클릭하면** Locate on map이 해제되어 선이 사라집니다.

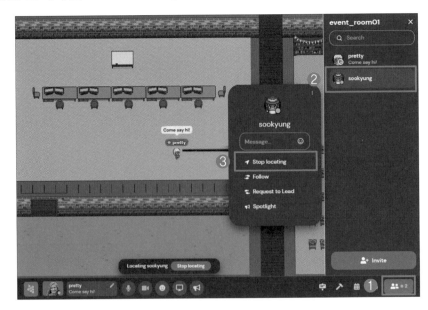

15 이모티콘을 이용하여 본인의 감정을 표현하기 위해 😊을 **클릭하고** 하트 모양 이모티콘을 클릭하면 캐릭터 머리 위로 이모티콘이 나타납니다.

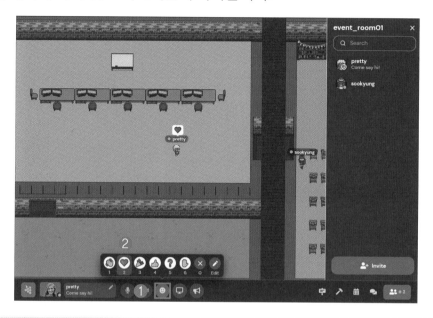

TIP

아바타에 이모티콘으로 감정 표현하기
① 😊을 선택하고 [Edit]를 클릭합니다.

② [Customize emotes] 창이 나타나면 변경할 이모티콘 번호를 선택한 다음 [과일] 탭을 선택하여 **수박**을 클릭합니다.

③ 수박 이모티콘으로 변경된 것을 확인합니다. 같은 방법으로 필요한 이모티콘을 모두 추가하고 [Save]를 클릭합니다.

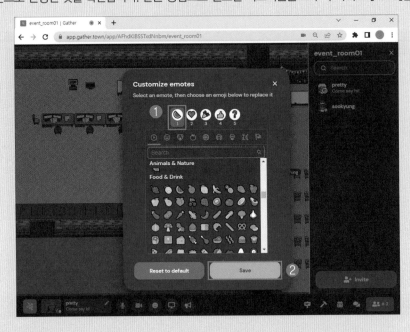

④ 맵에서 추가된 이모티콘을 확인합니다.

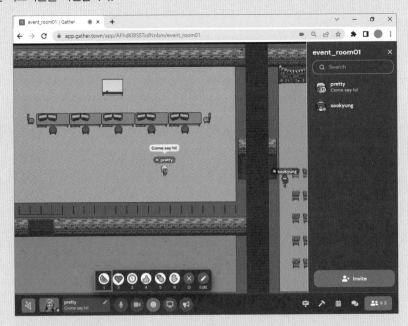

TIP

투명 아바타로 만들기

① 아바타가 서로 가까워지면 상대방의 비디오 카메라가 켜집니다. 아바타가 서로 마주보고 있는 상태에서 방향키로 지나
갈 수 없습니다.

② 마주보고 있는 아바타를 지나쳐가려면 Ⓖ를 누르면 캐릭터가 투명해지고 캐릭터가 많은 상태에서도 캐릭터 사이를 쉽
게 이동할 수 있습니다.

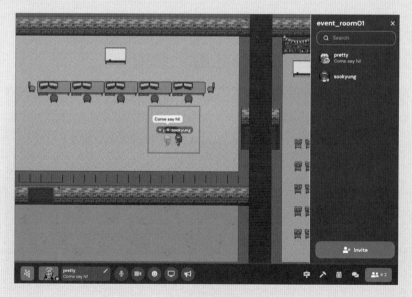

게더타운 내에서 본인의 모니터 화면을 참가자에게 공유하는 방법에 대해서 살펴봅니다.

01 자료 화면을 공유하기 위해 ▣(Screen share)를 클릭합니다. **[공유할 정보 선택]** 창이
나타나면 공유할 화면을 선택하고 **[공유]**를 클릭합니다.

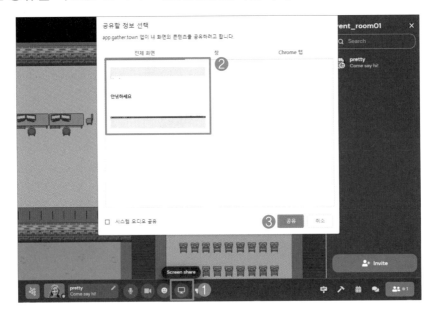

02 자료 화면의 공유 화면이 나타난 것을 확인합니다. 공유된 자료 화면과 사용자를 동시에
크게 보기 위해 공유 화면 오른쪽에 표시된 ▣를 클릭합니다.

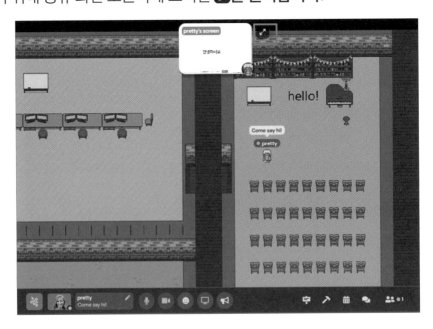

03 공유된 자료화면과 발표자 크기가 커진 것을 확인합니다. 그리고, 공유된 자료 화면을 크게 보기 위해서는 공유 화면을 클릭합니다.

확대된 공유 화면을 다시 축소하려면 공유 화면 오른쪽에 표시된 █을 클릭합니다.

04 공유된 자료 화면이 커지고 사용자 화면의 크기가 작아진 것을 확인합니다. **[공유 중지]**를 클릭하여 화면 공유를 종료합니다.

사용자 화면을 클릭하면 사용자 화면이 커지고 공유된 자료 화면은 작아집니다.

화이트보드 삽입하기

게더타운 내에서 화이트보드를 삽입하고 활용하는 방법에 대해서 살펴봅니다.

01 게더타운 내에서 직접 그림을 그려 설명할 때 필요한 화이트보드를 삽입하기 위해 🔨 (Build tool)을 선택하고 SUGGESTED OBJECTS에서 'Whiteboard'를 선택합니다.

02 다음과 같이 적당한 위치를 클릭하여 화이트보드 오브젝트를 두개 삽입합니다.

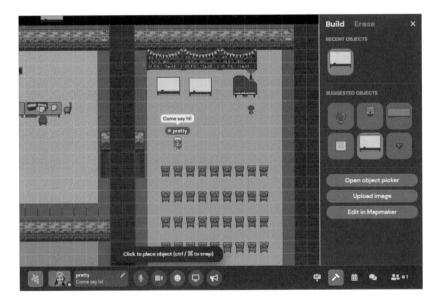

03 잘못 삽입한 화이트보드를 삭제하기 위해 🔧(Build tool)에서 [Erase] 탭을 선택합니다. 그리고 **삭제하려는 화이트보드를 클릭하여** 오브젝트를 삭제한 후 ❌(닫기)를 클릭합니다.

04 화이트보드를 사용하기 위해 아바타를 **화이트보드 근처로 이동**시키면 오브젝트 테두리에 **노란색 하이라이트**가 된 것을 확인하고, 키보드의 X를 누릅니다.

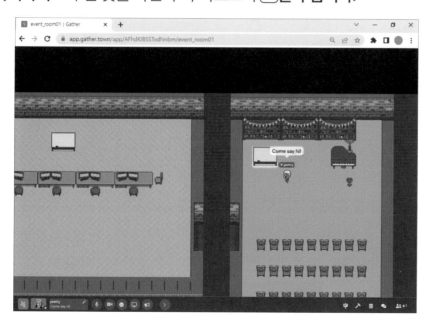

05 화이트보드 종류 중에서 [Canvas]를 선택하고 도구바의 ✏(Freedraw)를 선택한 다음 Stroke(선)을 클릭하고 파란색 계열로 선택합니다.

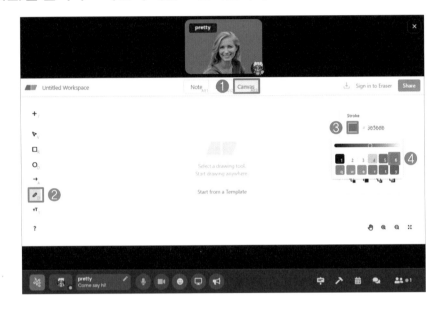

06 마우스로 드래그하여 그림을 그립니다. 같은 방법으로 도구바에서 ▢(Rectangle)을 클릭하고 Stoke(선), Background(배경) 색상을 선택한 다음 사각형을 그립니다.

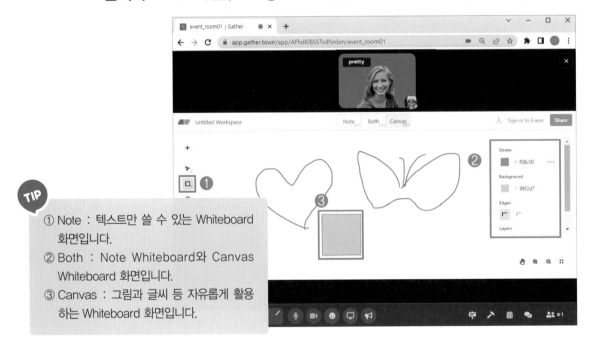

TIP

① Note : 텍스트만 쓸 수 있는 Whiteboard 화면입니다.
② Both : Note Whiteboard와 Canvas Whiteboard 화면입니다.
③ Canvas : 그림과 글씨 등 자유롭게 활용 하는 Whiteboard 화면입니다.

07 화이트보드에 그린 개체를 삭제하기 위해 도구바에서 ▷(selection)을 **선택합니다.** 삭제할 사각형을 클릭한 후 🗑(Delete)를 **클릭하거나** `Delete` 를 **눌러 삭제합니다.**

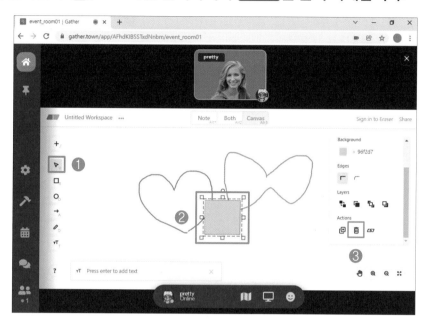

08 화이트보드에서 글을 입력하기 위해 도구바에서 ⊤(Text)를 **선택하고** 원하는 위치를 클릭합니다. 텍스트 입력 커서가 나타나면 **"hi"를 입력합니다.** ✕(닫기)를 **클릭합니다.**

텍스트 삽입하기

게더타운 내에서 텍스트를 삽입하고 활용하는 방법에 대해서 살펴봅니다.

01 게더타운 내에서 안내하고자 하는 글을 삽입하기 위해 ⚲(Build tool)을 선택하고 [Open object picker]를 클릭합니다.

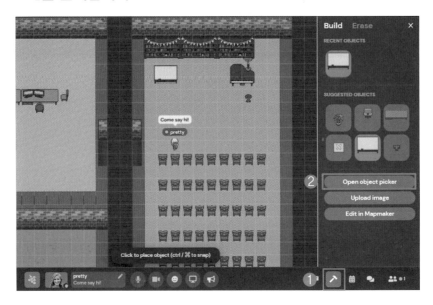

02 [Objects] 창에서 [Insert text]를 선택하고, 텍스트 입력란에 "hello"를 입력합니다. 그리고 [Object Details]에서 Font size "30"을 입력하고 Object Interactions에서 'Note object'를 선택합니다.

03 계속해서 Object Interactions의 [Note object]에서 Message 입력란에 **"welcome"**을, Activation distance 입력란에 **"1"을 입력하고 [Select]를 클릭합니다.**

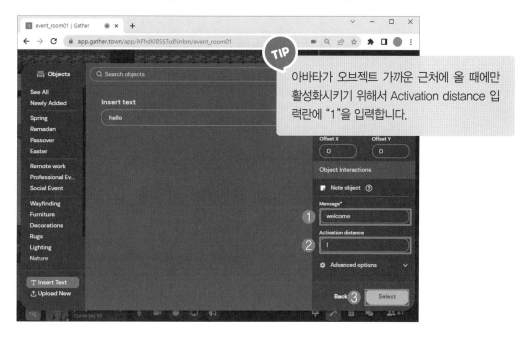

04 **"hello"** 텍스트 오브젝트를 선택하고 맵 위에 클릭하여 삽입한 다음 ⊠(닫기)를 클릭하여 화면을 확장합니다.

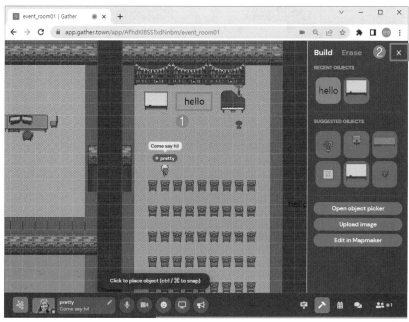

05 삽입된 "hello" 텍스트 오브젝트 근처에 아바타를 이동시킵니다. "hello" 텍스트 오브젝트 테두리가 노란색으로 하이라이트된 것을 확인하고 [X]를 **누릅니다.**

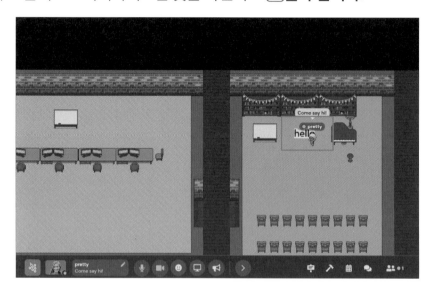

06 게더타운 내에 "welcome"이 입력된 **메모장 창**이 나타난 것을 확인합니다. ⊗(닫기)를 **클릭하여** 메모장 창을 닫습니다.

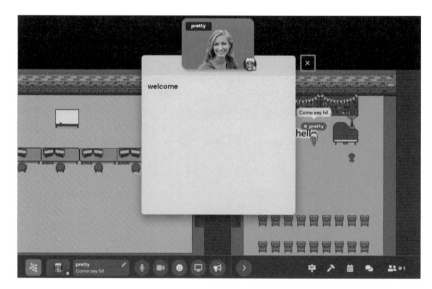

도구바 살펴보기

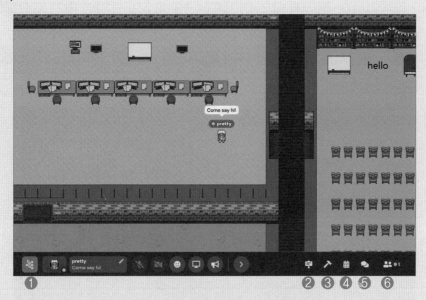

① Main menu : (손님초대, 관리자제어, 지원센터 등) 관련된 연결을 할 수 있습니다.

② Info board : 공지사항을 안내게시판에 게시할 수 있습니다.

③ Build tool : 오브젝트를 선택하거나 삭제하고, Mapmaker 편집, 이미지 업로드 등을 할 수 있습니다.

④ Carendar : 공간 전체에 달력을 연결할 수 있습니다.

⑤ Chat : 참여자들 간의 채팅을 통해 소통할 수 있습니다.

⑥ Participants : 공간에 참여한 참여자들의 리스트가 보입니다.

Section 15 이미지 삽입하기

게더타운 내에서 이미지 오브젝트를 삽입하고 활용하는 방법에 대해서 살펴봅니다. 타일 1개당 크기는 32 × 32 픽셀입니다. 따라서 삽입 이미지는 32 배수의 크기에 맞게 제작해야 합니다.

01 게더타운 내에서 이미지를 삽입하기 위해 ▨(Build tool)을 선택하고 [Upload image]를 클릭합니다.

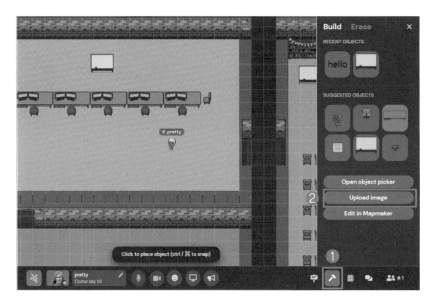

02 [Objects] 창에서 [Upload New]를 클릭한 다음 ⬆(Drag image or Click to upload)를 클릭합니다.

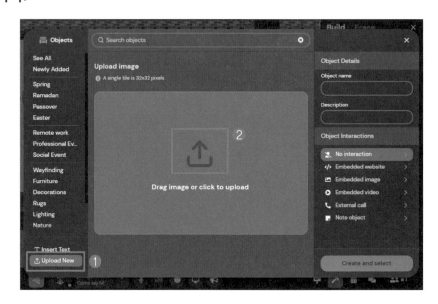

03 컴퓨터에 저장되어 있는 이미지 중 공유할 이미지를 선택한 다음 **[열기]**를 클릭합니다.

04 공유할 이미지를 확인하고 **[Object Interactions]**에서 'No Interaction'을 클릭합니다.

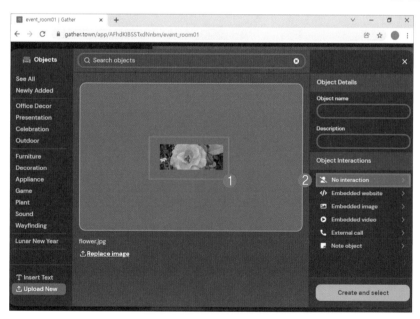

05 Object Details에서 Object name 입력란에 **"아름다운 꽃입니다."**를 입력하고 **[Select]**를 클릭합니다.

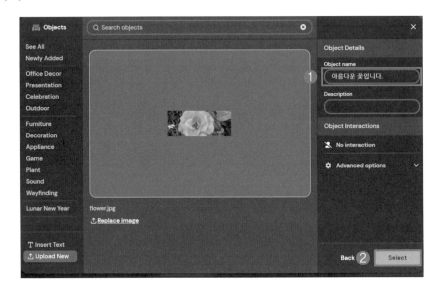

06 삽입할 위치를 클릭하여 이미지를 삽입합니다.

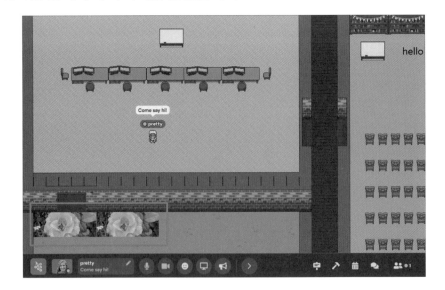

이미지 크기 줄이는 방법

1) "https://www.iloveimg.com" 웹사이트에 접속하고 이미지 크기 및 조절 메뉴를 클릭합니다.

2) 이미지 크기 조절 화면에서 [여러 이미지 선택] 버튼을 클릭합니다.

3) [열기] 대화상자에서 크기를 조절할 이미지를 선택한 다음 [열기] 버튼을 클릭합니다.

4) 크기 조절 옵션에서 너비(px)와 높이(px)를 입력하고 [여러 이미지 크기 조절]을 클릭합니다. (단, 준비된 이미지에 따라 너비와 높이 입력값은 다릅니다)

5) "이미지 크기가 조절되었습니다" 메시지를 확인하고, [조절된 크기의 이미지 다운로드] 버튼을 클릭해서 다운로드하거나, 잠시 기다리면 자동으로 다운로드됩니다.

문서 공유하기

게더타운 내에서 문서를 공유하는 방법에 대해서 살펴봅니다. 게더타운 내에서 문서를
공유하려면 구글 드라이브에 먼저 문서를 업로드해야 됩니다.

01 크롬 브라우저를 실행하여 ⬚(goole 앱)을 선택한 다음 [드라이브]를 클릭합니다.

02 구글 드라이브에 접속이 되면 문서를 업로드하기 위해 [새로 만들기]를 클릭합니다.

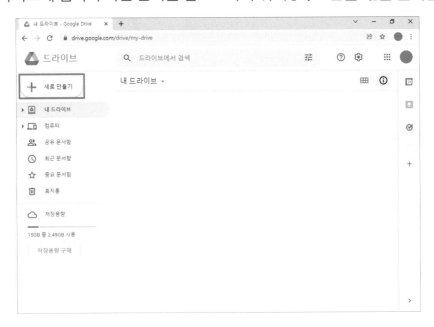

03 구글 드라이브에서 파일을 업로드하기 위해 **[파일 업로드]**를 클릭합니다.

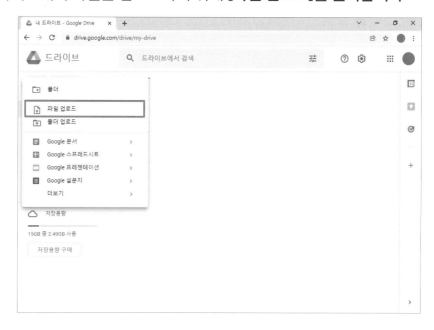

04 [열기] 대화상자에서 공유 문서가 있는 경로를 찾아서 **파일을 선택하고 [열기]를 클릭합니다.**

TIP
메모장에 임의의 글을 입력하여 저장한 후 공유 문서 테스트용으로 사용하시면 됩니다.

05 `F5`를 눌러 새로 고침을 하여 업로드한 문서 파일을 확인합니다. 업로드된 **문서 위에서 마우스 오른쪽 단추를** 클릭한 다음 **[링크 생성]을 선택합니다.**

06 **[사용자 및 그룹과 공유]** 창이 나타납니다. **[링크 보기]**에서 **[제한됨]**을 클릭하여 **[링크가 있는 모든 사용자에게 공개]**로 변경합니다.

07 [사용자 및 그룹과 공유] 창에서 [링크 복사]를 클릭하고 [완료]를 클릭합니다.

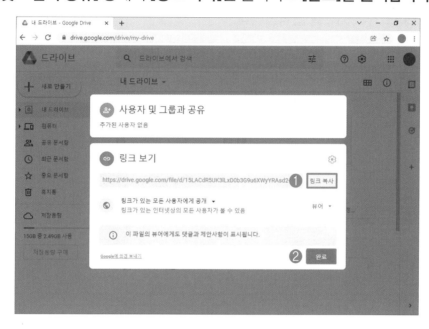

08 다시 게더타운에 접속하고, 게더타운 내에서 문서를 공유하여 문서 오브젝트를 삽입하기 위해 (Build tool)을 선택하고 [Open object picker]를 클릭합니다.

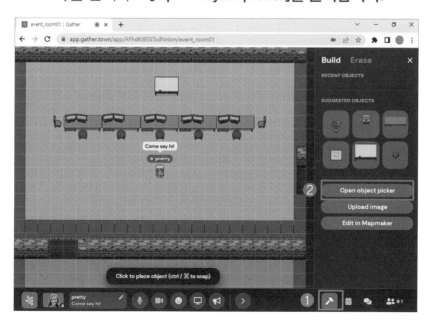

09 [Objects] 창에서 [Remote work]의 'Document' 오브젝트를 선택하고 Object Interactions 에서 'Embedded website'를 클릭합니다.

10 Document 오브젝트에 구글 드라이브에 업로드한 문서를 공유하기 위해 Website(URL)* 입력란에 기본값으로 입력되어 있던 **링크 주소를 삭제합니다.**

11 복사한 링크를 Object Interactions의 Embedded website에서 Website(URL)* 입력란에 [Ctrl] + [v]를 눌러 붙여넣기 합니다.

12 Website(URL)* 입력란에 붙여넣기를 한 주소의 맨 끝으로 이동한 후 뒤에서 첫 번째로 보이는 /의 옆의 모든 주소를 지웁니다.

13 / 옆의 모든 주소를 지운 자리에 **"preview"**를 입력한 후 [Select]를 클릭합니다.

14 공간 책상 위를 클릭하여 문서 오브젝트를 배치합니다.

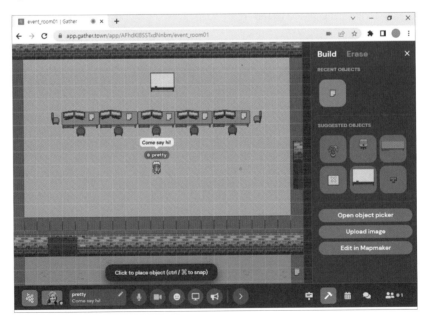

15 삽입된 문서 오브젝트 근처에 아바타를 이동시킵니다. 문서 오브젝트 테두리에 노란색으로 하이라이트 된 것을 확인하고 키보드의 [X]를 누릅니다.

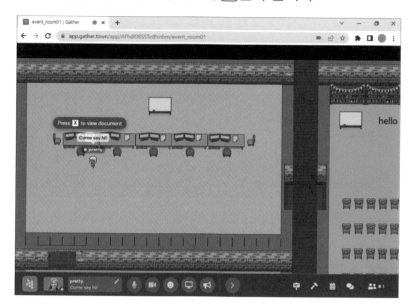

16 게더타운 내에 구글 드라이브에 업로드한 문서 내용을 확인할 수 있습니다. ⊠(닫기)를 **클릭하여** Document 창을 닫습니다.

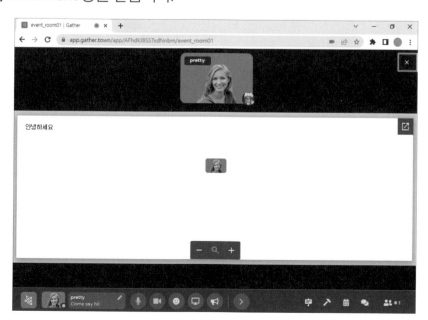

동영상 삽입하기

유튜브에 동영상을 게더타운에서 재생될 수 있도록 연결하는 방법에 대해 살펴봅니다.

01 "youtube.com"에 접속하고 공유할 영상을 클릭합니다. 주소 입력란에 공유할 링크 주소를 블록 설정한 다음 [Ctrl] + [C]를 눌러 복사합니다.

02 다시 게더타운 공간에 TV 오브젝트를 삽입하기 위해 [🔧](Build tool)을 선택하고 [Open objects picker]를 클릭합니다.

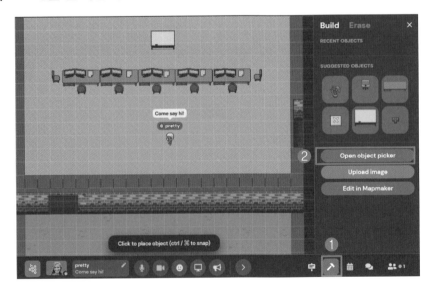

03 [Objects] 창에서 [Professional Ev..]의 'TV'오브젝트를 선택하고, Object Interactions 에서 [Embedded Video]를 클릭합니다.

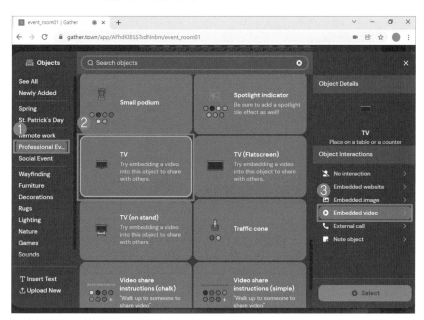

04 Video(URL)* 입력란을 클릭하여 `Ctrl` + `V`를 눌러 복사한 링크 주소를 **붙여넣기** 합니다.

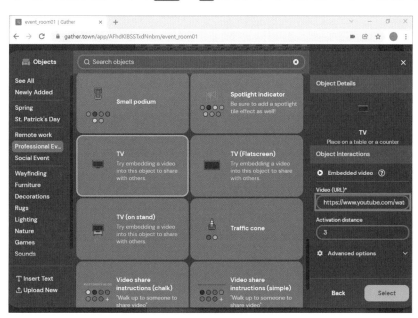

05 Advanced options의 [Prompt message] 입력란에 **"메타버스가 무엇인가요?"** 를
입력하고 [Select]를 클릭합니다.

TIP

아바타가 TV 오브젝트에 가깝게
다가오면 Prompt message에 입
력한 내용이 나타납니다.

06 원하는 위치를 클릭하여 TV 오브젝트를 삽입합니다.

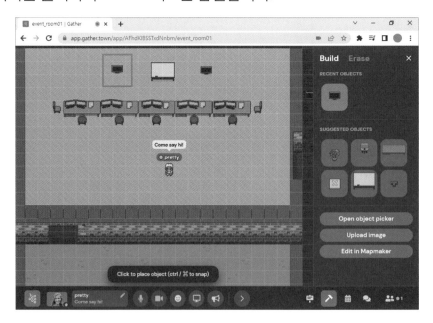

07 삽입된 TV 오브젝트 근처에 캐릭터를 이동시킵니다. TV 오브젝트 테두리에 노란색으로 하이라이트 되면 키보드의 ⓧ를 누릅니다.

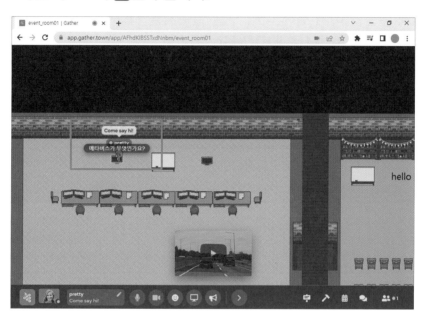

08 다음과 같이 게더타운에서 동영상이 재생되는 것을 확인합니다. ✕(닫기)를 클릭하여 창을 닫습니다.

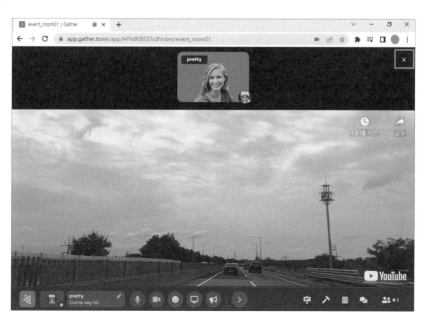

18 설문지 링크하기

게더타운 내에서 설문지 링크를 삽입하고 활용하는 방법에 대해서 살펴봅니다.

01 게더타운에서 설문을 하기 위해 미리 **구글 설문지**를 사용하여 설문을 만듭니다. 아래와 같이 설문 내용을 완성한 후 **[보내기]**를 클릭합니다.

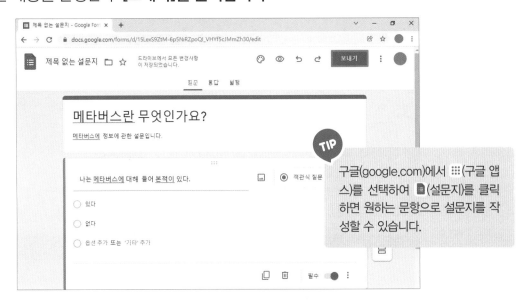

> **TIP**
> 구글(google.com)에서 ⊞(구글 앱 스)를 선택하여 ▤(설문지)를 클릭하면 원하는 문항으로 설문지를 작성할 수 있습니다.

02 **[설문지 보내기]** 창이 나타나면 ⊕를 **클릭한** 다음 긴 URL 주소를 단축하기 위해 'URL 단축'에 체크 표시를 한 다음 **[복사]**를 클릭합니다.

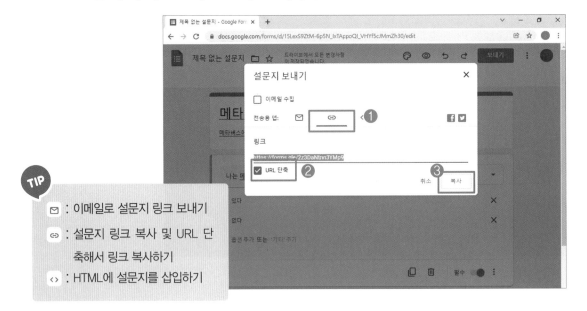

> **TIP**
> ✉ : 이메일로 설문지 링크 보내기
> ⊕ : 설문지 링크 복사 및 URL 단축해서 링크 복사하기
> <> : HTML에 설문지를 삽입하기

03 게더타운 내에서 설문지를 공유할 수 있도록 Document 오브젝트를 삽입하기 위해 🔧 (Build tool)을 선택하고 [Open object picker]를 클릭합니다.

04 [Objects] 창에서 [Remote work]의 'Document' 오브젝트를 선택하고 Object Details 탭에서 Document 오브젝트 방향을 변경합니다. 그리고 **Object Interactions**에서 'Embedded website'를 클릭합니다.

05 Website(URL)* 입력란에서 Ctrl + V 를 눌러 복사한 링크 주소를 붙여넣고, Activation distance는 "1"을 입력 합니다.

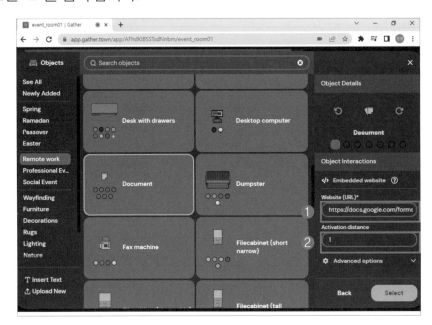

06 Object Interactions의 [Advanced options]를 클릭한 다음 Prompt message에 "설문을 부탁드립니다."를 입력하고 [Select]를 클릭합니다.

07 문서 오브젝트를 책상 위에 배치하기 위해 책상 위를 클릭하여 다음과 같이 삽입합니다.

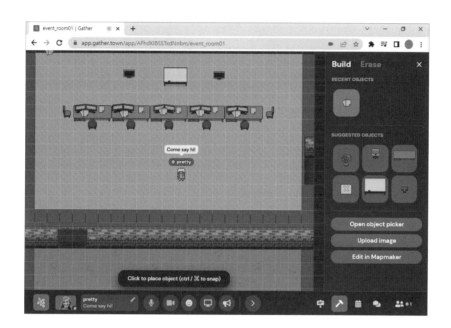

08 문서 오브젝트 근처에 아바타를 이동시킵니다. Document 오브젝트 테두리에 노란색으로 하이라이트 된 것을 확인하고 키보드의 ⓧ를 **누릅니다.**

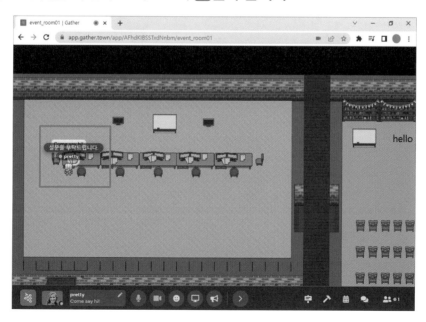

09 다음과 같이 설문지 링크 화면이 나타난 것을 확인합니다.

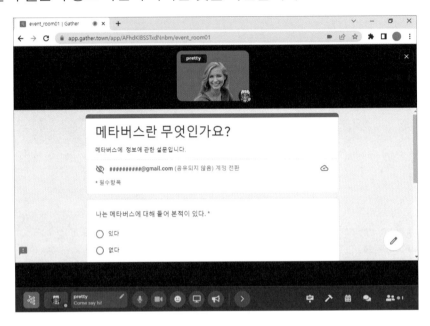

10 설문지 문항을 체크하고 **[제출]**을 클릭합니다.

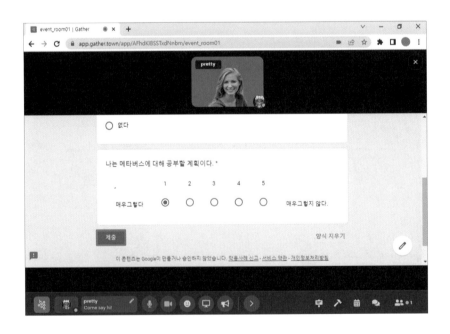

11 게더타운 내에서 설문이 완료된 것을 확인합니다. 그리고 ⊠(닫기)를 클릭하여 화면을 닫습니다.

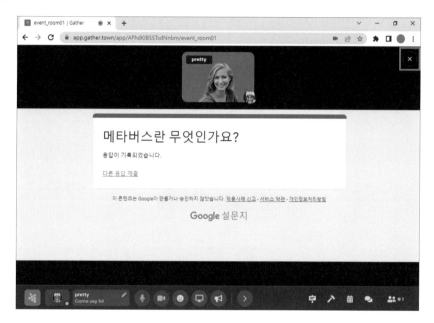

12 게더타운 내에서 완료한 설문이 제대로 제출되었는지 구글 설문지에 접속하여, 1개의 설문이 응답하였음을 확인합니다.

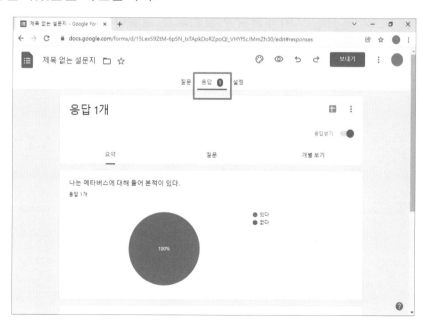

줌(Zoom) 연결하기

게더타운 내에서 줌(Zoom)을 연결하는 방법에 대해서 살펴봅니다.

01 게더타운에서 줌(Zoom)을 연결하기 위해 미리 줌(Zoom)에 회원 가입을 한 후 **[로그인]**을 클릭합니다.

02 줌(Zoom)에 가입할 때 사용한 **이메일과 비밀번호**를 입력하고 **[로그인]**을 클릭합니다.

03 [내 개인 회의] 화면이 나타나면 [시작]을 클릭합니다.

04 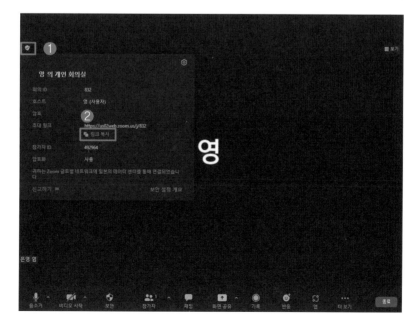를 클릭하고 개인 회의실 창의 **초대 링크**에서 [링크 복사]를 클릭합니다.

05 게더타운 내에서 줌(Zoom)으로 연결할 수 있도록 Desktop Computer 오브젝트를 삽입하기 위해 ⚒(Build tool)을 선택하고 [Open object picker]를 클릭합니다.

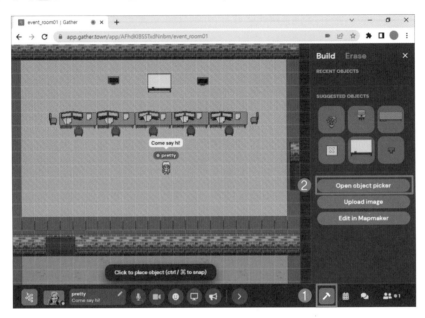

06 [Objects] 창에서 [Remote work]의 'Desktop Computer' 오브젝트를 선택하고 Object Interactions에서 'Embedded website'를 클릭합니다.

07 Website(URL)* 입력란에 복사한 링크 주소를 붙여넣고 Activation distance는 "1"을 입력한 다음 **[Select]**를 클릭합니다.

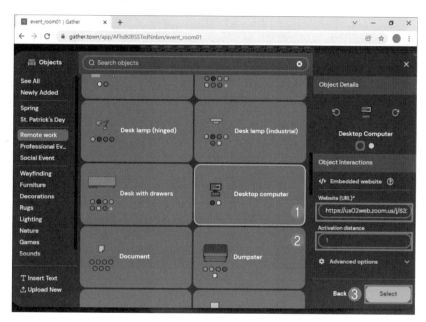

08 원하는 위치를 클릭하여 Desktop computer 오브젝트를 다음과 같이 삽입합니다.

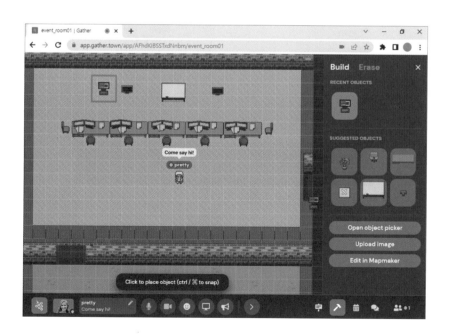

09 삽입된 Desktop Computer 오브젝트 근처에 아바타를 이동시킵니다. Desktop Computer 오브젝트 테두리에 노란색으로 하이라이트 된 것을 확인하고 키보드의 X를 **누릅니다.**

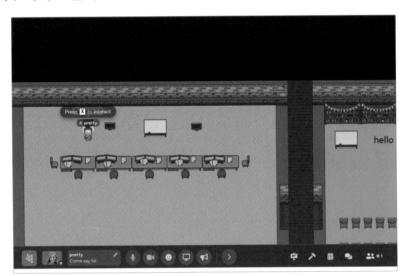

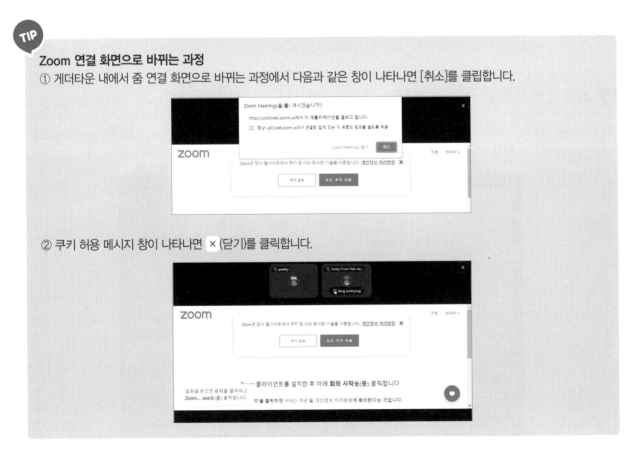

TIP

Zoom 연결 화면으로 바뀌는 과정

① 게더타운 내에서 줌 연결 화면으로 바뀌는 과정에서 다음과 같은 창이 나타나면 [취소]를 클릭합니다.

② 쿠키 허용 메시지 창이 나타나면 × (닫기)를 클릭합니다.

10 줌(Zoom)을 연결하기 위해 **[Zoom Meetings 열기]**를 클릭합니다.

> **TIP**
>
> 줌(Zoom)과 게더타운은 모두 소리와 카메라가 모두 사용되므로 동시에 사용할 때는 게더타운의 카메라는 끄고, 줌(Zoom)의 카메라를 켭니다. 그러나 소리는 게더타운에서만 들립니다.

11 줌(Zoom) 화면이 나타나면 **[모든 쿠키 허용]**을 선택한 다음 **[회의 시작]**을 클릭합니다.

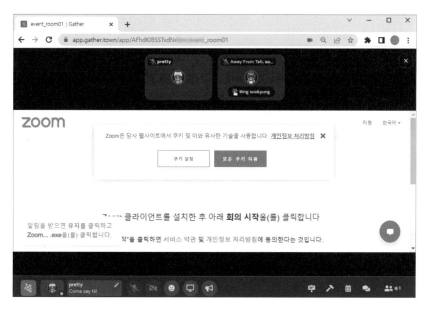

12 [회의 암호 입력] 창이 나타나면 암호를 입력하고 [회의 참가]를 클릭합니다.

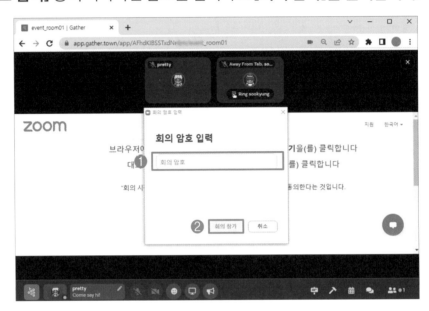

13 게더타운 내에 줌(Zoom)화면이 나타나는 것이 아니라 별도의 창으로 나타나는 것을 확인합니다. 줌(Zoom)을 종료하고자 할 때 [종료]를 클릭합니다.

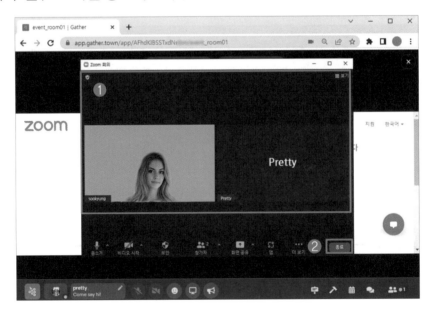

14 게더타운 내에서 줌(Zoom) 회의 시작 전 화면에서 ❌(닫기)를 클릭하여 화면을 닫습니다.

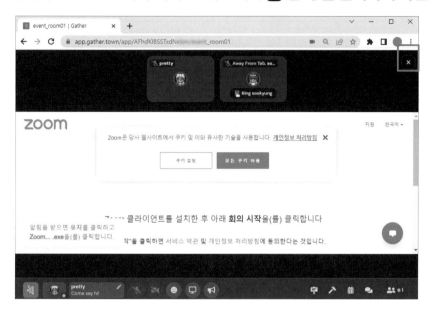

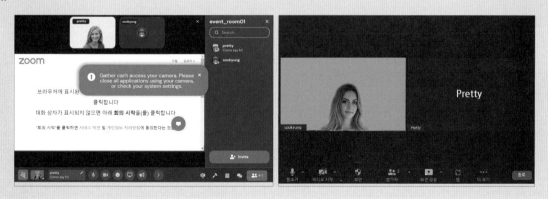

TIP

줌(Zoom)의 카메라가 켜져 있을 때 게더타운에서 카메라를 켜고자 하면, 카메라를 게더타운에서 사용할 수 없고 시스템을 확인하라는 경고 메시지가 나타납니다. 따라서 줌에서 카메라가 켜져 있으면, 게더타운에서는 카메라를 사용할 수 없습니다.

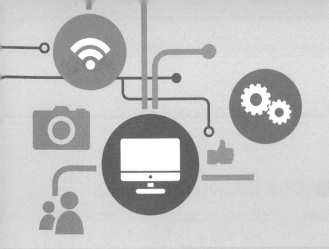

PART 03

ifland로
메타버스 체험하기

01 Play 스토어의 검색란에 **"ifland"** 또는 **"이프랜드"**를 입력하여 검색한 후 '**ifland: 새로운 메타버스, 이프랜드**'를 터치합니다. ifland: 새로운 메타버스, 이프랜드 화면에서 **[설치]**를 터치합니다.

> **TIP**
>
> ifland 앱은 안드로이드 8.0 이상의 스마트폰에서 이용하실 수 있습니다. iOS 13 이하의 스마트폰에서는 컨퍼런스 홀 테마 기능을 제외한 모든 기능을 사용할 수 있습니다.
> 본 교재는 안드로이드 폰 기준으로 설명하였습니다.

02 설치가 완료되면 **[열기]**를 터치한 다음, ifland 접근 권한 안내 화면에서 **[확인]**을 터치합니다.

03 오디오 녹음 허용 유무 확인 화면에서 **[앱 사용 중에만 허용]을 터치합니다.** 미디어 액세스 허용 유무 화면에서 **[허용]을 터치합니다.**

04 설치가 완료되어 로그인 화면이 나타나면 **[Google로 로그인]을 터치합니다.** 계정 선택 화면에서 사용할 **구글 계정을 선택**합니다.

05 서비스 이용 안내 화면에서 '**개인 정보 수집 및 이용**'과 '**서비스 이용 약관 동의**'를 터치한 다음 [**동의하고 시작하기**]를 터치합니다. 마케팅 정보수신 비동의 화면에서 [**확인**]을 터치합니다.

TIP

전체 동의하기에서 '마케팅 수신 동의(선택)'를 선택하면 광고 문자나 전화가 올 수 있으므로, 선택하지 않는 것이 좋습니다.

06 사용할 **아바타를 선택**하고 **닉네임 입력란**을 터치합니다. 사용할 **닉네임을 입력**한 다음 [**완료**]를 터치합니다.

TIP

아바타 아이콘이 있는 부분을 왼쪽 또는 오른쪽으로 드래그하면 다양한 아바타를 확인할 수 있습니다.

07 닉네임이 변경되면 **[ifland 시작하기]를 터치하면** ifland 홈 화면이 나타납니다.

ifland 홈 화면 살펴보기

① 📋 : 이번달 중요 ifland 모임을 한 눈에 볼 수 있는 스케줄 표가 나타납니다.

② 🔔 : 모임 시작 알림을 등록해 놓으면 land(모임) 시작 10분전 알려줍니다.

③ 👥 : 내가 팔로우하거나 나를 팔로잉한 친구들의 최근 접속 이력을 확인할 수 있습니다.

④ [All]: 현재 ifland에서 진행중인 land(모임)나 예정된 land(모임)가 표시됩니다.

⑤ [Open] : 현재 실시간으로 진행중인 land(모임)가 표시됩니다.

⑥ [MY land] : 내가 개설한 모임이나 친구가 개설한 모임이 표시됩니다.

⑦ 🏠 : 실시간으로 열리는 다양한 주제의 메타버스 land(모임)가 표시됩니다.

⑧ ⭐ : 인기있는 스페셜 land(모임)를 표시합니다.

⑨ ➕ : land(모임)를 만들 수 있습니다.

⑩ 🔍 : 관심있는 land(모임) 친구를 쉽게 찾을 수 있습니다.

⑪ 👤 : 본인의 프로필 화면이 표시되며, 닉네임, 자기 소개, 관심 태그 등을 등록하거나 변경할 수 있습니다.

01 ifland에서 사용할 아바타를 예쁘게 꾸미기 위해 ifland 화면에서 **아바타를 터치합니다.** 아바타 꾸미기 화면에서 먼저 얼굴 스타일을 꾸미기 위해 ◎(얼굴 스타일)을 터치합니다.

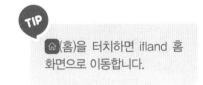

TIP

⌂(홈)을 터치하면 ifland 홈 화면으로 이동합니다.

02 얼굴 유형과 피부 색을 설정하기 위해 ◎(얼굴)을 터치합니다. 화면 아래에서 **원하는 얼굴 유형과 피부 색을** 선택합니다. [코 모양]을 터치한 다음 원하는 **코 모양을 선택합니다.**

03 같은 방법으로 눈 모양과 입술 모양, 눈썹 모양을 설정합니다. 이번에는 옷 스타일을 설정하기 위해 ⬙(옷 스타일)을 터치합니다. 👕(상의)를 터치하여 원하는 상의 스타일을 선택합니다.

04 같은 방법으로 🩳(하의)와 👟(신발)을 터치하여 원하는 스타일로 꾸민 다음 [저장]을 터치하여 저장합니다. 아바타 화면을 왼쪽 또는 오른쪽으로 드래그하여 옆 모습, 뒷 모습을 확인한 다음 [<]를 터치합니다.

05 다음과 같이 아바타가 완성된 것을 확인할 수 있습니다. 본인의 소개 글을 등록하기 위해 닉네임을 터치한 후 **'자기소개를 등록하세요'**를 터치합니다.

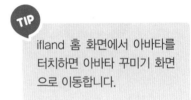

ifland 홈 화면에서 아바타를 터치하면 아바타 꾸미기 화면으로 이동합니다.

06 본인 또는 land(모임)의 소개글을 입력하고 **[저장]을 터치합니다**. 태그를 추가하기 위해 **'#관심 태그 추가'**를 터치합니다.

07 관심 분야의 태그를 선택한 다음 **[확인]을 터치합니다.** 다음과 같이 본인 소개 글 아래에 선택한 태그를 확인할 수 있습니다.

TIP 관심 분야 태그는 3개까지 선택 할 수 있습니다.

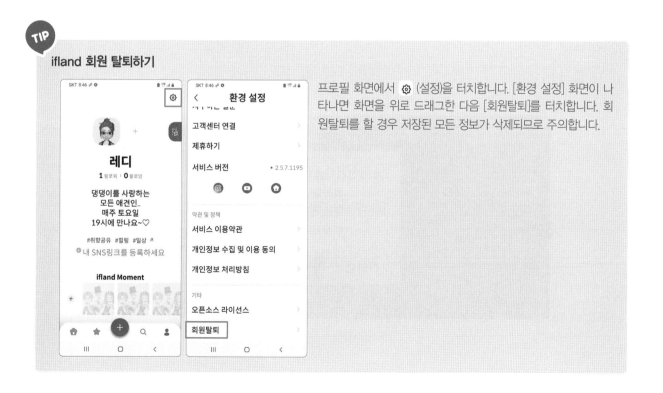

TIP ifland 회원 탈퇴하기

프로필 화면에서 ⚙ (설정)을 터치합니다. [환경 설정] 화면이 나타나면 화면을 위로 드래그한 다음 [회원탈퇴]를 터치합니다. 회원탈퇴를 할 경우 저장된 모든 정보가 삭제되므로 주의합니다.

01 ifland 홈 화면에서 관심있거나, 참여하고 싶은 land(모임)를 검색하여 터치합니다.

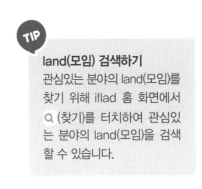

TIP

land(모임) 검색하기
관심있는 분야의 land(모임)를 찾기 위해 iflad 홈 화면에서 🔍 (찾기)를 터치하여 관심있는 분야의 land(모임)을 검색할 수 있습니다.

02 선택한 land(모임)에 처음 입장하면 land(모임) 추가 그랙픽을 다운로드 받아야 됩니다. 그래픽 다운로드 화면이 나타나면 **[예]를 터치합니다.**

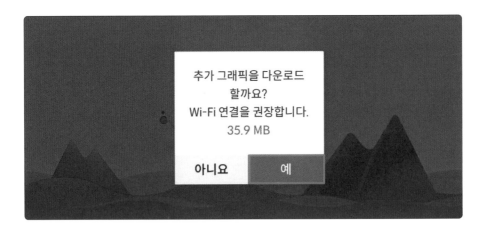

추가 그래픽을 다운로드
할까요?
Wi-Fi 연결을 권장합니다.
35.9 MB

아니요　　예

03 다음과 같이 선택한 land(모임)에 입장이 됩니다. 화면의 방향을 바꾸기 위해 화면을 **오른쪽 방향으로 드래그합니다.**

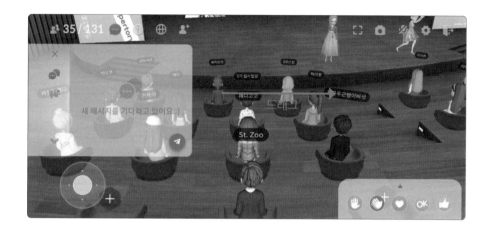

04 화면이 드래그하는 방향으로 회전되면서 원하는 방향으로 화면을 볼 수 있습니다.

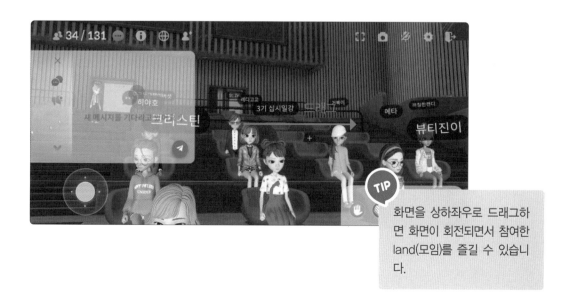

TIP

화면을 상하좌우로 드래그하면 화면이 회전되면서 참여한 land(모임)를 즐길 수 있습니다.

05 아바타를 자리에서 일어나게 하려면 조이스틱을 살짝 터치합니다.다시 아바타를 자리에 앉게 하기 위해 앉고 싶은 위치의 **'+'를 터치합니다.**

조이스틱을 이용하여 아바타를 원하는 방향으로 이동시킬 수 있습니다.

06 다음과 같이 아바타가 선택한 자리에 앉은 것을 확인할 수 있습니다.

07 화면을 드래그하여 이동 방향으로 화면을 표시한 다음 이동할 방향으로 조이스틱을
누르면 원하는 방향으로 아바타가 뛰어갑니다.

08 land(모임)를 나가기 위해 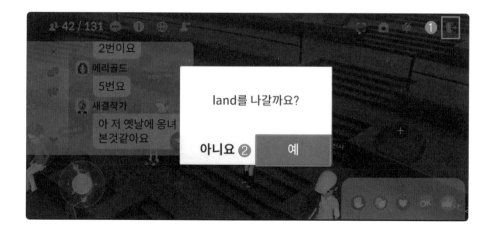(나가기)를 **터치합니다.** land(모임)를 나갈 것인지 묻는 창이
나타나면 **[예]를 터치합니다.**

01 ifland 홈 화면에서 ➕(만들기)를 터치합니다. [land 만들기] 화면에서 **랜드의 이름**을 입력하고, **원하는 템플릿**을 선택한 다음 **[저장]을 터치합니다.**

> **TIP**
> land(모임) 제목은 최대 20자까지 입력할 수 있습니다. 선택한 템플릿에 따라 바닥/벽/천장 색 등 원하는 배경을 설정할 수 있습니다.

02 선택한 land(모임)의 추가 그래픽을 다운로드 받기 위해 **[예]를 터치합니다.**

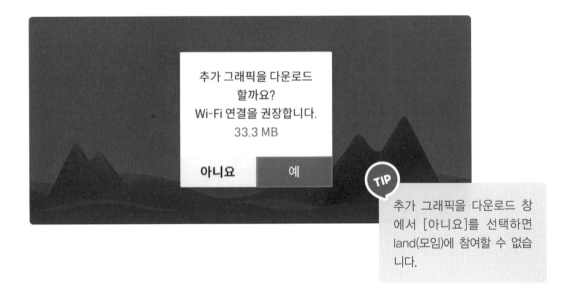

> **TIP**
> 추가 그래픽을 다운로드 창에서 [아니요]를 선택하면 land(모임)에 참여할 수 없습니다.

03 다음과 같이 land(모임)에 입장됩니다. 친구를 초대하기 위해 ▨(land 정보)를 터치한 다음 입장한 랜드에 대한 정보가 표시되면 **[공유]를 터치합니다.**

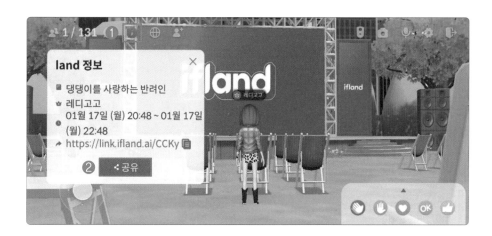

04 공유 화면이 나타나면 카카오톡으로 초대 링크를 보내기 위해 ◉(**카카오톡**)을 터치합니다.

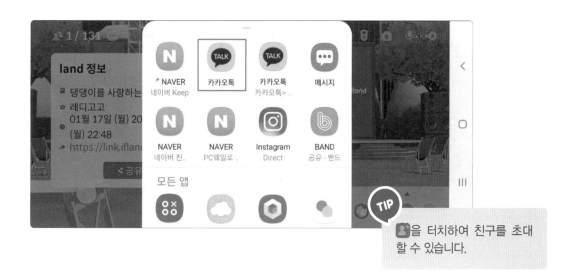

> **TIP**
> ▨을 터치하여 친구를 초대 할 수 있습니다.

05 카카오톡 [공유 대상 선택] 화면에서 **초대할 친구를 선택**한 후 **[확인]**을 터치합니다.

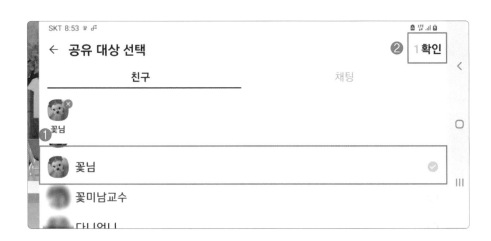

06 카카오톡 채팅 창에 초대 링크가 보내지면 〈 **(뒤로)를 터치하여** ifland로 되돌아 옵니다.

TIP

모임(land) 화면 구성 알아보기

① 참가자 수와 전체 참여 가능한 수를 표시합니다.

② 채팅 창을 열거나 닫을 수 있습니다.

③ land(모임) 정보를 표시합니다.

④ 현재 진행 중인 다른 land(모임)를 탐색할 수 있으며, 해당 land(모임)으로 이동할 수 있습니다.

⑤ 현재 land(모임)에 친구를 초대할 수 있습니다.

⑥ 자료를 공유할 수 있습니다.

⑦ 현재 land(모임)에서 활동중인 화면을 캡쳐하여 갤러리에 저장합니다.

⑧ 마이크를 켜거나 끌 수 있습니다.

⑨ 설정 창을 표시합니다.

⑩ land(모임)를 나갑니다.

⑪ 참가자와 채팅을 하거나, 알림을 확인할 수 있습니다.

⑫ 캐릭터의 방향을 바꾸거나, 원하는 방향으로 이동할 수 있습니다.

⑬ 다양한 이모티콘을 이용하여 본인의 감정을 표현할 수 있습니다.

마이크 권한 설정하기

01 호스트가 특정 참가자의마이크 권한을 제어하기 위해 **참가자 숫자를 터치합니다.**

TIP

land(모임)를 개설하면 마이크 권한 설정은 '전체'로 되어 있어 입장하는 모든 참가자의 마이크가 활성화 되어 있습니다.

02 참가자 목록에서 특정 참가자의 마이크를 끄기 위해 해당 참가자의 ⚙(설정)을 터치합니다.

TIP

참가자 목록에서 [전체 마이크 끄기]를 터치하면 호스트를 제외한 모든 참가자의 마이크가 꺼집니다.

03 선택한 참가자의 창에서 **[마이크 회수]**를 터치한 다음 **전체 목록 화면을 터치합니다.**

04 마이크 회수를 한 참가자의 마이크 아이콘(🎤)이 변경된 것을 확인할 수 있습니다. 다시 마이크 권한을 주기 위해 마이크를 회수한 참가자의 ⚙(설정)을 터치합니다.

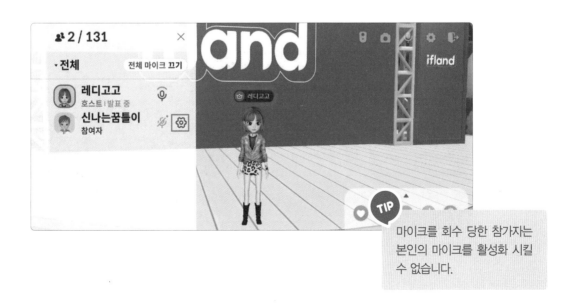

마이크를 회수 당한 참가자는 본인의 마이크를 활성화 시킬 수 없습니다.

05 참가자의 창에서 **[마이크 제공]을 터치합니다.** 마이크 제공을 받은 참가자는 본인의
마이크()를 터치하여 음성 채팅을 할 수 있습니다.

06 land(모임)에 입장하는 모든 사람의 마이크 권한을 끄기 위해 ⚙(설정)을 터치합니다.

07 [설정] 창에서 **[마이크 권한 설정]**을 터치합니다.

TIP
[설정] 창에서 [소리 듣기]를 터치하여 비활성화 시키면 음소거가 되어 발표자의 소리자 들리지 않습니다.

08 [마이크 권한 설정] 창에서 **[호스트만]**을 **터치하여** 활성화시킵니다.

TIP
마이크 권한을 '호스트만'으로 설정할 경우 호스트 이외의 모든 참가자는 마이크 권한을 본인이 제어할 수 없습니다.

land(모임) 수정과 공지 등록하기

01 land(모임) 종료 시간을 변경하기 위해 ⚙(설정)을 터치합니다.

> **TIP**
> land(모임)의 진행 시간은 기본 2시간입니다. 호스트가 종료 시간을 조절하여 land(모임)를 진행할 수 있습니다.

02 [설정] 창에서 [land 수정]을 터치합니다.

03 land(모임)의 진행 시간을 연장하기 위해 **종료 일자**를 터치한 다음 시간 설정 화면에서
[설정 안함]을 선택한 후 **[저장]**을 터치합니다.

TIP

land(모임) 시간이 종료되었다면?
land(모임) 종료 시간이 되면 다음과 같이 종료 시간이 다 되었다는 메시지 창이 나타납니다. [예]를 터치하면 land(모임)가
종료되며, [아니요]를 터치하면 종료 시간이 10분 연장됩니다.

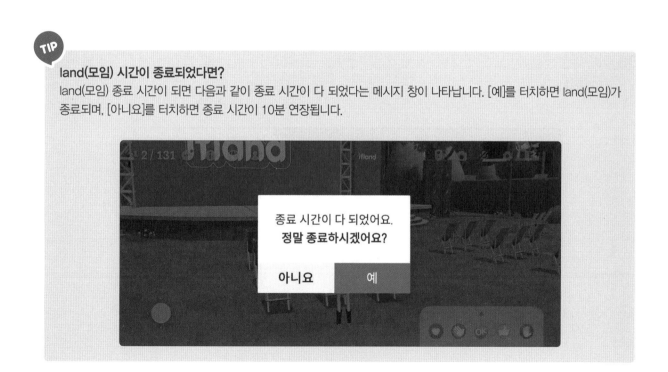

04 이번에는 land(모임)를 비공개로 설정하기 위해 [land 수정] 창에서 **[공개]를 터치하여** 비공개로 전환한 후 **[저장]을 터치합니다.**

> **TIP**
> 비공개로 설정하면 임의의 입장 코드가 발급되며, 입장 코드를 알아야 land(모임)에 참여할 수 있습니다.

05 이번에는 입장한 모든 참가자에게 전달 사항을 공지하기 위해 [설정] 창에서 **[공지 등록]을** 터치합니다.

06 [공지] 창에서 전달할 내용을 입력하기 위해 **'공지를 작성해 보세요.' 란을 터치합니다.**

07 전체 참가자들에게 전달할 **내용을 입력**한 다음 **[완료]를 터치합니다.**

08 [공지] 창에서 **[저장]**을 **터치한** 다음 공지사항을 확인하기 위해 ⓘ(land 모임 정보)를 터치합니다.

09 [land 정보] 창에 공지사항 내용과 입장 코드가 표시된 것을 확인할 수 있습니다.

채팅 권한 설정

[설정] 창에서 [채팅 권한 설정]을 선택하면 채팅할 수 있는 권한을 모두 참가자에게 부여하거나 호스트만 할 수 있도록 설정할 수 있습니다.

참여 방식 설정

[설정] 창에서 [참여 방식]을 선택하면 land(모임)에 아바타가 보이고, 오디오와 채팅 모드로 참여하게 하거나, 아바타는 숨기고 오디오와 채팅 모드로만 참여 할 수 있도록 설정할 수 있습니다.

01 참가자와 문자로 채팅하기 위해 🔘(채팅)을 터치합니다.

02 채팅 창이 열리면 내용을 입력하기 위해 🔘을 터치합니다.

03 채팅 입력 창이 열리면 내용을 입력한 후 **[완료]**를 **터치합니다.**

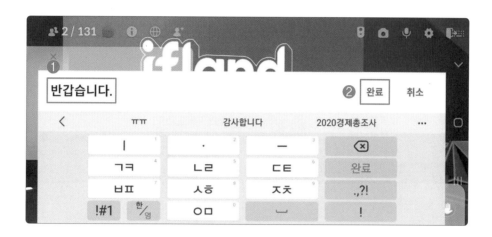

04 참가자들에게 인사하는 모션을 취하기 위해 이모티콘 **삼각형(▲) 아이콘을 터치하여 이모티콘 창을 확장 시킵니다.**

TIP
ifland에서 100여 개의 감정 표현과 모션으로 생동감 넘치는 ifland를 즐길 수 있습니다.

05 이모티콘 창이 열리면 🙂를 **터치하여** 😊**이모티콘을 선택하면** 아바타가 상대방에개 인사하는 모션이 나타납니다.

06 춤을 추는 모션을 취하기 위해 ⚫⚫⚫를 **터치한** 다음 이모티콘에 음표가 붙어 있는 것 중 **원하는 모션을 터치하면** 아바타가 즐겁게 춤을 춥니다.

07 이번에는 박수 치는 모션을 표현하기 위해 를 터치한 다음 ◎를 선택합니다. 사용한 이모티콘은 이모티콘 창 아래 5개가 등록이 됩니다.

TIP

채팅 창 확장하기
채팅 창에서 ⌄를 터치하면 채팅 창을 넓게 볼 수 있습니다.

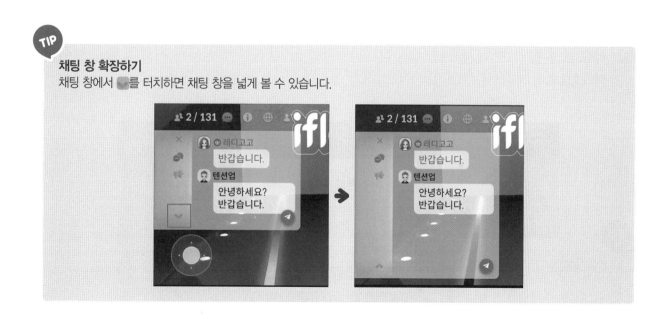

자료 공유하기

01 land(모임)에 참여한 참가자들과 자료를 공유하기 위해 land(모임) 화면에서 █을 터치합니다.

02 자료 공유 화면에서 **[자료]**를 터치합니다. [자료 공유] 창에서 공유할 **자료의 파일 형식을 선택합니다.** 여기서는 PDF를 선택합니다.

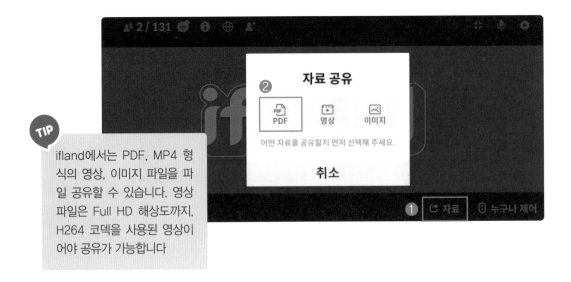

TIP
ifland에서는 PDF, MP4 형식의 영상, 이미지 파일을 파일 공유할 수 있습니다. 영상 파일은 Full HD 해상도까지, H264 코덱을 사용된 영상이어야 공유가 가능합니다

03 공유 파일을 첨부하기 위해 📄**을 터치합니다.**

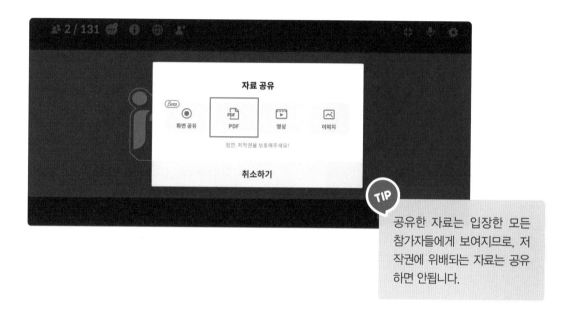

> **TIP**
> 공유한 자료는 입장한 모든 참가자들에게 보여지므로, 저작권에 위배되는 자료는 공유하면 안됩니다.

04 공유할 자료가 저장되어 있는 폴더에서 **파일을 선택합니다.** 여기서는 최근 목록에서 PDF 파일을 선택하겠습니다.

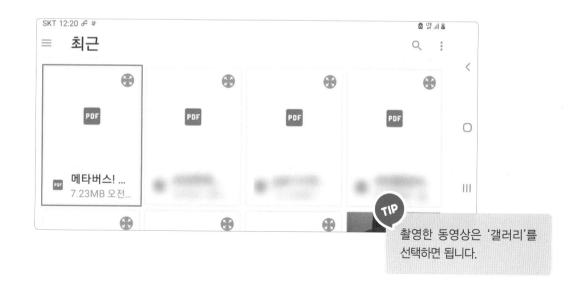

> **TIP**
> 촬영한 동영상은 '갤러리'를 선택하면 됩니다.

05 [자료 공유] 창에 선택한 파일이 등록되면 **[확인]을 터치합니다.**

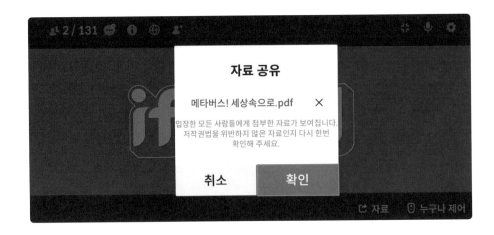

06 선택한 파일이 화면에 표시되고, 입장한 모든 참가자들이 공유한 파일을 볼 수 있습니다. land(모임) 화면을 표시하기 위해 ⊞을 **터치합니다.**

TIP
참가자들은 공유 화면을 크게 보려면 본인의 land(모임) 화면에서 ▣를 터치하면 됩니다.

07 전광판에 공유한 문서가 표시되고, 여러 장의 PDF 문서 파일인 경우 ▷를 **터치하여** 화면을 넘기면서 발표를 할 수 있습니다. 공유를 중지하기 위해 다시 🔳을 **터치합니다.**

08 공유 화면에서 **[공유 중지]를 터치하여** 공유를 중단합니다.

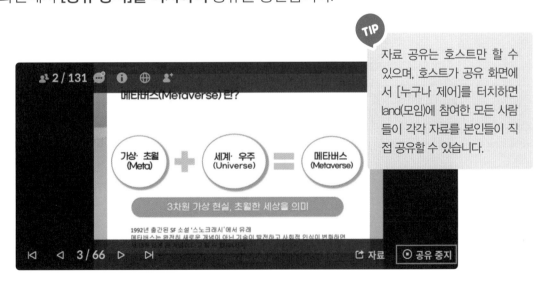

TIP

자료 공유는 호스트만 할 수 있으며, 호스트가 공유 화면에서 [누구나 제어]를 터치하면 land(모임)에 참여한 모든 사람들이 각각 자료를 본인들이 직접 공유할 수 있습니다.

01 land(모임)의 호스트를 다른 참가자로 지정하기 위해 ⚙(설정)을 터치합니다.

TIP

호스트가 land(모임)에서 나가기 위해서는 다른 참가자를 호스트로 변경해야 됩니다.

02 [설정] 화면에서 [호스트 변경]을 터치합니다.

03 **[호스트 변경]** 창에서 호스트로 지정할 참가자를 선택하고 **[저장]**을 터치합니다.

04 [설정] 창에 '소리 듣기' 이외의 모든 기능이 없어진 것을 확인할 수 있습니다. 이번에는 land(모임) 진행을 방해하는 참가자를 land(모임)에서 내보내기 위해 **전체 인원을 터치합니다.**

05 참가자 목록에서 land(모임) 운영을 방해하는 참가자의 ⚙(설정)을 터치합니다.

06 참가자 창에서 **[내보내기]**를 터치하여 정말 내보낼 것인지 묻는 창이 타나나면 **[예]**를 **터치합니다.** 내보내기로 차단된 참가자는 호스트가 진행하는 land(모임)에 입장할 수 없습니다.

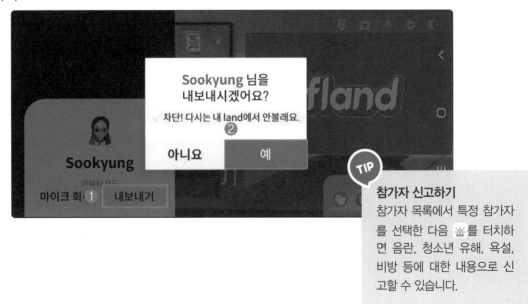

TIP

참가자 신고하기
참가자 목록에서 특정 참가자를 선택한 다음 🏠를 터치하면 음란, 청소년 유해, 욕설, 비방 등에 대한 내용으로 신고할 수 있습니다.

TIP

친구 맺기

참가자 목록에서 팔로우로 친구를 맺을 **참가자를 선택**합니다. 선택한 참가자의 창에서 **[팔로우]**를 터치합니다.

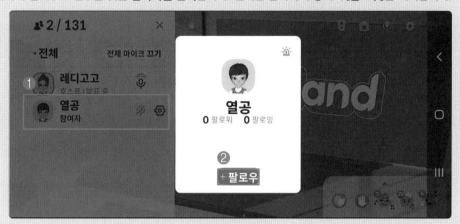

팔로워와 팔로잉 확인하기

ifland 홈 화면에서 👥 를 터치하면 나를 팔로워하거나 내가 팔로잉한 친구 목록을 확인할 수 있습니다.

MEMO

MEMO